Fach-
buch
Klett-Cotta

UDO BAER

Was hochbelastete Kinder brauchen

Praxishandbuch für die Begleitung und Betreuung

Klett-Cotta

Diese Werk wurde vermittelt durch Aenne Glienke / Agentur für Autoren und Verlage, http://www.aenneglienkeagentur.de

MIX
Papier | Fördert gute Waldnutzung
FSC® C083411

Klett-Cotta
www.klett-cotta.de

Printed in Germany
Umschlaggestaltung: Wallbaum/Weiß Freiburg
Unter Verwendung eines Fotos von © 2Design/Photocase
Gesetzt in den Tropen Studios, Leipzig
Gedruckt und gebunden von CPI – Clausen & Bosse, Leck
ISBN 978-3-608-96440-0

Vierte Auflage, 2024

Bibliografische Information der Deutschen Nationalbibliothek
Die Deutsche Nationalbibliothek verzeichnet diese Publikation in der Deutschen Nationalbibliografie; detaillierte bibliografische Daten sind im Internet über http://dnb.d-nb.de abrufbar

Inhalt

Vorbemerkung

Was sind hochbelastete Kinder? Vergleichen wir drei gleichaltrige Kinder.

S. ist sieben Jahre alt. Seine Eltern leben seit einem Jahr im Streit. Sie haben immer weniger Zeit für ihn. Vor allem belastet ihn die schlechte Atmosphäre in der Familie. Nun trennen sich seine Eltern. Stefan ist traurig und ärgerlich. Oft weiß er gar nicht mehr, was er fühlt. Er zieht sich immer mehr vor den Eltern und Freunden zurück, spielt sehr viel an der Playstation, redet weniger, wirkt niedergeschlagen.

Y. ist acht Jahre alt. Sie lebt mit der Mutter allein in einer kleinen Wohnung. Die Mutter ist Gelegenheitstrinkerin, zieht dann »durch die Kneipen«: »Ich muss doch auch mal was vom Leben haben«, sagt sie dann. Sie lässt die Tochter allein, manchmal zwei bis drei Tage lang. Y. hat selbst sexuelle Gewalt erfahren von einem früheren Partner der Mutter. Sie schwankt zwischen extremen aggressiven Ausbrüchen und totalem Verstummen. Sie wirkt sehr selbstständig und sagt, sie »komme klar«, wenn die Mutter unterwegs ist. Sie isst kaum noch, wird immer dünner. In der Schule lügt sie. Sie schwindelt auch ihre Mitschüler/innen an, sodass keiner ihr noch etwas glaubt.

M., ebenfalls acht Jahre alt, stammt aus Syrien. Auf der Flucht hat er seinen Bruder verloren, er ist ertrunken. Wo seine Eltern sind, weiß er nicht. Er wurde aus Syrien zum Onkel geschickt, damit er aus der Kriegshölle herauskommt. Ob die Eltern noch leben, ist unbekannt. Bei seinem Onkel hat er massive Gewalt erfahren, musste ins Krankenhaus und kam danach in die Betreuung des Jugendamtes. Seitdem ist er völlig verstört. Er wechselt zwischen einer Wohngruppe oder anderen Jugendeinrichtung zur nächsten.

Alle drei sind verletzte Kinder, doch der Grad der Verletzung und die Schwere der Folgen sind unterschiedlich.

S. ist verletzt durch die Trennung, an deren Vorgeschichte er leidet, und braucht Unterstützung. Mit solchen Kindern haben wir und wahrscheinlich Sie viel zu tun, nicht so sehr in der Jugendhilfe als fast alltäglich in Schule, Kindergarten, Beratungsstellen und anderen Einrichtungen.

Y dagegen ist ein hochbelastetes Kind. Es hat mehrere schwere Belastungen einschließlich Traumatisierungen erfahren: durch den Alkoholismus der Mutter, durch die sexuelle Gewalt, durch das Alleingelassen-Werden und vielleicht noch mehr. Hier sind sozialpädagogische oder therapeutische Hilfen notwendig. Nicht alle diese Kinder erfahren solche Unterstützung. Oft begegnen wir ihnen auch in Schule und Kindergarten. Doch in jedem Fall gilt: Ihr Ich ist beschädigt. Ihr innerer Kern ist oft existenziell verletzt. Ihnen fehlen Orientierung und Halt.

M. ist ebenfalls hochbelastet. Doch hier kann man sogar von einem komplex-traumatisierten Kind sprechen. M. hat nicht nur ein Trauma erlebt, sondern mehrere. Keiner kommt an ihn »heran«. Er wirkt verloren. Er erlebt seine gesamte Welt als feindlich.

Komplex traumatisierte Kinder sind eine Sondergruppe unter den hochbelasteten Kindern.

Selbstverständlich sind die Grenzen zwischen diesen drei genannten Kategorien – verletzte Kinder, hochbelastete Kinder, komplex traumatisierte Kinder – fließend. Das Thema dieses Buches sind vor allem die hochbelasteten Kinder. Die Differenzierungshilfen zu den anderen beiden Gruppen werden in Teil B herausgearbeitet.

S., Y. und M. brauchen unterschiedliche Hilfen. Für jedes einzelne Kind gilt – nicht nur für diese drei –, dass eine individuelle Diagnostik herausgearbeitet werden muss und individuell auf das einzelne Kind bezogene Hilfekonzepte erarbeitet werden müssen. Damit dies gelingen kann, werde ich im Folgenden acht Wege praxisnah beschreiben, mit denen hochbelastete Kinder unterstützt werden können und sollen. Das breite Büfett von Hilfsmöglichkeiten in diesen acht Wegen zusammenzufassen, dient der Orientierung.

In Teil B stelle ich ein Modell vor, wie verletzte, hochbelastete und komplex traumatisierte Kinder und Jugendliche zu unterscheiden sind.

Diese Differenzierung ist wichtig und notwendig, um aus dem speziellen Verständnis des Leidens der Kinder differenzierte und passgenaue Hilfsmöglichkeiten anzubieten.

Hochbelasteten Kindern zu helfen, belastet die Helfenden. Deshalb gehe ich in Teil C darauf ein, was Menschen, die hochbelastete Kinder und Jugendliche begleiten, brauchen. Ob als Eltern, Erzieher/innen, Pädagog/innen, Lehrer/innen, Sozialpädagog/innen oder in anderer Funktion.

Bei alldem sind mir zwei Grundsätze wichtig.

Erstens geht es um die Würde der Kinder. Jedes Kind muss als menschliches Wesen gewürdigt und in seinen Besonderheiten geachtet werden. Es geht auch um die Würde der Begleitenden, ganz gleich, ob Sie Eltern, Sozialpädagogen/innen oder Mitarbeiter/innen in Kita oder Schule, Jugendamt oder Jugendhilfeeinrichtungen sind. Auch Ihre Würde ist wichtig. Nur wenn sowohl die Kinder als auch wir, die Begleitenden, gewürdigt werden, kann Unterstützung gelingen. Besonders wichtig ist es mir, das Augenmerk darauf zu richten, dass die Beziehung zwischen Kindern und uns Begleitpersonen gewürdigt wird. Jedes hochbelastete Kind hat Beziehungsverletzungen erlebt, ist alleine gelassen, gequält, geschlagen worden … All das sind Beziehungsverletzungen. Und Beziehungsverletzungen brauchen Beziehungswürdigung und Beziehungsheilung. Deswegen zieht sich die Würdigung der Beziehung wie ein roter Faden durch alle Kapitel.

Der zweite Grundsatz lautet: Es gibt keine einfachen Lösungen. Dieses Buch ist kein Rezeptebuch. Ich verspreche Ihnen nicht, dass Sie für jedes Kind eine adäquate Hilfe finden werden. Es sind Anregungen und Möglichkeiten, die Sie unterstützen werden, zu suchen und zu versuchen und sich um jedes einzelne Kind zu bemühen.

Und noch drei Hinweise:

Wenn ich von Kindern sprechen, meine ich immer auch Jugendliche.

Die Praxisbeispiele sind selbstverständlich anonymisiert.

Dies ist ein Praxisbuch mit theoretischem Hintergrund. Ich möchte vor allem den Menschen etwas an die Hand geben, denen ich in meiner Praxis, meinen Seminaren, Beratungen und Vorträgen begegnet bin und die meine Erfahrungen, Konzepte und Methoden nützlich fanden und finden. Deswegen steht die Praxisorientierung im Vordergrund. Da, wo es sinnvoll scheint, habe ich meine theoretischen Modelle erläutert. Zur Vertiefung verweise ich auf meine anderen Veröffentlichungen. Wenn ich ohne konkreten Bezug von »wir« rede, meine ich meine Frau Gabriele Frick-Baer und andere Kolleg/innen in leiborientierter Therapie und Pädagogik. Literaturhinweise habe ich deshalb sparsam verwendet.

Auf die Arbeit mit Familien gehe ich nicht ein. Hier verweise ich auf mein Buch »Familientherapie«.

Für Rückmeldungen zu dem Veröffentlichten bin ich dankbar. Schreiben Sie mir über u.baer@baer-frick-baer.de.

Teil A
Die acht Wege

1 Der erste Weg: Zur Quelle gehen – Diagnostik

1.1 Verständnis ist nicht Entschuldigung

Viele Verhaltensweisen der Kinder, um die es in diesem Buch geht, sind uns Erwachsenen unverständlich. Sie werden als »schräg«, »gaga«, »krankhaft«, »pathologisch«, »verrückt« oder »anders« bezeichnet. Ich gehe davon aus, dass jedes Verhalten von Kindern und Jugendlichen ursprünglich einen Sinn hatte. Dieser Sinn mag verloren gegangen sein, doch den Kontext des Verhaltens, seine Vorgeschichte zu erkunden und zu verstehen, ist wichtig, weil es das Verständnis für diese Kinder und Jugendlichen erweitert.

Ein Beispiel:

M. ist ein »Abhauer«, wie die anderen Kinder sagen. Bei Stress rennt er immer weg und versucht, sich zu verbergen. Der Sozialpädagoge N., der M. betreut, hat sich überlegt, mit ihm eine Fahrradtour zu unternehmen. Er geht zu ihm und erzählt ihm von seiner Idee. M. blickt verwundert und erschrocken. Dann läuft er weg. N. beklagt sich: »Warum läuft er vor mir weg? Ich wollte mit ihm doch etwas Schönes unternehmen!?«

M.s Geschichte ist eine Geschichte mit vielen Erfahrungen des Weglaufens, des Verlassens und des Verlassen-Werdens. Sein Vater hatte die Familie kurz nach seiner Geburt verlassen. Er kennt ihn nicht. Die Mutter wurde Alkoholikerin. Als Quartals-Trinkerin hatte sie gute Phasen – und dann war sie plötzlich wieder weg. Sie ging auf »Sauftour«, mehrere Tage lang, manchmal sogar zwei Wochen. M. hat also erlebt, dass andere vor ihm weglaufen und er allein zurückbleibt. Er fühlte sich immer schuldig, wenn die Mutter plötzlich nicht mehr da war. Das fühlen auch viele andere Kinder, denen

etwas widerfährt, das sie sich nicht erklären können. Dass andere verschwinden, dass andere sich entfernen, das war M. vertraut, das hat sich in ihm eingehaust und wurde selbstverständlich.
Hinzu kam sein Misstrauen. M. lebte als Kind in der Hochspannung, dass immer plötzlich etwas passieren konnte. Jeden Moment konnte die Mutter weg sein. Er beäugte ihr Verhalten misstrauisch, achtete auf jedes Anzeichen. Selbst wenn die Mutter nett zu ihm war, war er misstrauisch, ob das nicht gleich wieder umkippte und die Mutter wieder weg war.
Deswegen hat sich bei M. das Muster entwickelt, dass er bei Stress wegläuft. Das gilt bei negativen Belastungen, aber auch bei positivem Stress. Das Angebot seines Betreuers hat ihn einerseits misstrauisch gemacht: Kann das denn ernst gemeint sein? Und es hat ihn aufgeregt und positiven Stress hervorgerufen. Also läuft er weg.

Ein Verhalten wie von M. kennen wir von vielen Kindern und Jugendlichen. Wenn Kinder weglaufen, fliehen sie vor etwas, das sie nicht aushalten. Wenn Kinder weglaufen, dann wollen sie, dass wir nach ihnen suchen. Wenn M.s Mutter weg war, war er besorgt und suchte nach ihr, zumindest als er älter war. Doch vergeblich.

Wir kennen von vielen Kindern, dass das Weglaufen ein Signal ist, dass sie sich nicht genug gesehen fühlen, dass sie gesucht und gefunden werden wollen.

Diesen Zusammenhang zu verstehen hilft N., Verständnis für M. zu entwickeln. Er bleibt gekränkt, dass M. auf sein Angebot so reagiert, UND er hat Verständnis dafür, dass M. ein solches ihm vertrautes Muster des Verhaltens entwickelt hat und lebt. Er sagt ihm das: »Du bist oft verlassen worden. Ich kann verstehen, dass du misstrauisch bist und wegläufst. UND ich will das nicht.« Sie redeten eine Weile, stritten sich, versöhnten sich. N. blieb bei seinem UND. Und dann fuhren sie gemeinsam weg.

Auf die Haltung des UND werde ich in diesem Buch häufig zurückkommen. Hier ist sie mir vor allem wichtig, damit deutlich wird, dass

Verständnis für die hochbelasteten Kinder nicht damit gleichzusetzen ist, die Verletzungen, die sie uns zufügen, zu entschuldigen. Wer verletzt – ob Kind oder Erwachsener –, trägt dafür Verantwortung. Verletzungen schmerzen, egal, von wem sie zugefügt werden. Das darf und muss auch den Kindern gegenüber deutlich werden. UND wir sollten uns bemühen, die Quellen verletzenden und anderen Verhaltens dieser Kinder und Jugendlichen zu verstehen. Nur dann finden wir einen Zugang zu ihrem Leid. Nur dann kann es gelingen, sie nicht lediglich zu disziplinieren, sondern ihnen nachhaltig zu helfen.

Ich werde deshalb in diesem Kapitel die vier »Monster der Entwürdigung« und andere Quellen des Verhaltens und Fühlens hochbelasteter Kinder und Jugendlicher vorstellen, um dann später Konsequenzen daraus abzuleiten. Die Suche nach den Quellen des Verhaltens hochbelasteter Kinder ist Diagnostik in einem bestimmten Verständnis. Mit Diagnostik wird üblicherweise ein »Urteil« gemeint, wie auch die Übersetzung dieses Wortes aus dem Lateinischen lautet, und damit die Zuordnung der Kinder und Jugendlichen zu vorgegebenen Störungen und Pathologien. Doch das Wort Diagnostik enthält auch das griechische Wort »gnosis«, und das bedeutet Einsicht, Verständnis, Erkenntnis. Das ist meine Definition von Diagnostik: Einsichten in die Zusammenhänge des Verhaltens hochbelasteter Kinder und Jugendlicher zu gewinnen. Klassifizierungen und pathologische Störungsbilder können dabei allenfalls unterstützen und Anhaltspunkte bieten, dürfen aber diesen Prozess, diese Suche nicht ersetzen.

1.2 Die vier Monster der Entwürdigung

1.2.1 *Die Gewalt*

Wenn Kinder und Jugendliche Gewalt erfahren, dann ist das eine Entwürdigung. Um welche Art von Gewalt es dabei geht, ist zweitrangig. Die Gesichter der Gewalt können nämlich vielfältig sein. Kinder werden geschlagen oder erleiden sexuelle Übergriffe. Es gibt verbale Gewalt, und es gibt Gewalt durch Handlungen und Unterlassungen von Handlungen, durch Blicke, durch den Klang einer Stimme und viele andere Formen mehr. Es gibt viele Versuche, »Gewalt« zu definieren. Meines Erachtens sind sie nicht sehr erfolgversprechend, weil sie sich vor allem auf die Formen und die Quantität gewalttätiger Aggressivität beziehen. Entscheidend ist aber, dass sich Kinder und Jugendliche durch Angriffe verletzt fühlen, und das massiv und nachhaltig. Deswegen ist Gewalt ein Monster der Entwürdigung, deswegen ist Gewalt in jeder Form abzulehnen und zu verurteilen.

Keine Gewalt hat einen »pädagogischen« Nutzen, ganz gleich wie oft auch behauptet wird: »Eine Ohrfeige hat mir auch nicht geschadet!« Oder: »Es ist doch nur zu deinem Besten!« Solche Sprüche sind Tarnung. Gewalt ist nichts anderes als Gewalt, und Gewalt entwürdigt und ist Ausdruck der Selbsterhöhung oder Hilflosigkeit und Überforderung der Täter/innen oder des Sadismus derjenigen, die sie ausüben.

Die Kinder und Jugendlichen, die hochbelastet sind, haben nicht nur einmal, sondern mehrmals Gewalt erfahren. Die Gewalt hat sich in ihnen »eingehaust«. Die Gewalterfahrungen sind fortlaufend, das Leiden an der Gewalt chronifiziert. Gewalt zu erleben, ist für diese Kinder und Jugendlichen selbstverständlich geworden und alltäglich.

Y. wird immer wieder geschlagen. Er ist elf Jahre alt und lebt bei seinen Eltern, bis das Jugendamt eingeschaltet wird. Wann Y. das erste Mal geschlagen wurde, weiß er nicht, weiß niemand. Wenn man ihn fragt, sagt er: »Schon immer.« Er wird geschlagen, er wird angeschrien, er wird mit »bösen Blicken« betrachtet. Wenn Y. von der Schule kommt, dann lauscht er an der Tür und versucht herauszufinden, ob es gleich Prügel gibt oder ob er diesmal davonkommt. Er lebt in ständiger Hochspannung. Sein Körper ist sehr angespannt, um sich gegen Schläge zu wehren und so zu versuchen, den Schmerz zu lindern. Vor allem aber besteht die Spannung in der ständigen Erwartung von Gewalt. Gewalt in jeder Form ist sein Alltag.

Als Y. in die Obhut einer anderen Familie kommt, wird er nicht mehr geschlagen, aber die Hochspannung bleibt bestehen. Wenn irgendetwas Unvorhergesehenes passiert, wenn er meint, etwas falsch gemacht oder einen Anlass für eine Bestrafung geliefert zu haben, dann ziehen sich seine Schultern hoch. Er blickt, als würden gleich Schläge auf ihn herabprasseln. Seine Augen schwanken dann hin und her oder werden starr. Solche Reaktionen gibt es auch, ohne dass es dafür einen Anlass gibt. Denn die Schläge, die er erfahren hat, waren willkürlich. Manchmal gab es eine offizielle Begründung, einen offiziellen Anlass; oft aber auch nicht, sodass auch seine Erwartungen keinen Anlass brauchen.

Häufig steht die Alkoholabhängigkeit eines Elternteils oder beider Eltern im Hintergrund, wenn Kindern Gewalt angetan wird.

A.s Mutter ist Alkoholikerin. Sie lebt mit einem ständigen hohen Alkoholpegel. Wenn dieser zu sehr sinkt und sie nicht schnell an Alkohol gelangt, dann wird die Mutter aggressiv und schreit und schlägt. Dies geht schon seit Jahren so, sodass A. immer wieder in Erwartung solcher Phasen lebt. Sie ist mit zuständig dafür, dass die Mutter regelmäßig mit Alkohol versorgt wird, auch aus Selbstschutz. Wenn die Mutter einen hohen Alkoholpegel hat, fällt sie in einen koma-ähnlichen Tiefschlaf. Sie »taucht« ab, oft über 12 bis 16 Stunden, und lässt A. allein. A. hat schon mehrmals den Notarzt gerufen, weil sie Angst hatte, dass ihre Mutter stirbt. A. ist dreizehn, zeigt keinerlei Verhaltensweisen eines pubertierenden Mädchens, sondern lebt, wie eine Sozialarbeiterin beobachtet, »wie auf Zehenspitzen«. Als ob sie dadurch die Ausbrüche der Mutter verhindern könnte. Der Vater ist schon lange weg. Es gibt niemanden, der sie in ihrer Familie schützt.

Auch die Erfahrung sexueller bzw. sexualisierter Gewalt[1] ist im Kern eine Gewalterfahrung. Für sexuelle Gewalttäter und -täterinnen geht es in ihren Übergriffen nicht um Sexualität, zumindest nicht in erster Linie, sondern um Macht, um nichts als pure Macht, um die Erniedrigung der anderen. Indem sie Gewalt ausüben, erheben sich die Täter und Täterinnen über ihre Opfer. Sie empfinden kein Mitgefühl. Entweder laben sie sich an deren Not oder sind gegen jedes Mitfühlen des von ihnen verursachten Leides völlig abgestumpft und verroht.

Die sexuelle Gewalt ist Gewalt und hat die gleichen Auswirkungen wie andere Gewalt. Doch hinzu kommen häufig auch Auswirkungen auf die sexuelle Identität. In der sexuellen Gewalt wird Sexualität damit verknüpft, dass die Menschen ohnmächtig oder mächtig sind. Es gibt nur oben oder unten, kein Miteinander, keinen Fluss der Leidenschaft und Zuneigung, nur Grobheit statt Zartheit oder Zärtlichkeit. Solche Erfahrungen können nachhaltige Wirkungen hervorrufen. Berührungen können den Opfern sexueller Gewalt Angst machen. Die Identität als Frau oder Mann kann beschädigt werden. Solche Erfahrungen können das weitere Leben massiv beeinträchtigen.

Der dreizehnjährige S. wurde in seinem familiären Umfeld mehrmals vergewaltigt. Nun, in der Pubertät, erwachen seine sexuellen Triebe. Er gerät in eine massive Krise. Er verspürt Lust, will aber nicht so werden wie die Täter. Er sehnt sich nach Nähe, kennt sie aber nur als erniedrigende Gewalt …

Fast alle Opfer sexueller Gewalt sind traumatisiert und leiden unter nachhaltigen Belastungen. Diese Belastungen betreffen nicht nur die Zeit der unmittelbaren Gewalterfahrung, sondern auch die Zeit danach[2]. Werden sie in der »Zeit danach« allein gelassen und erfahren

1 Frick-Baer, G. (2009): Kreative Traumatherapie: Aufrichten in Würde; Methoden und Modelle leiborientierter kreativer Traumatherapie. Berlin

2 Frick-Baer, G. (2013): Trauma – Am schlimmsten ist das Alleinsein danach; Sexuelle Gewalt – wie Menschen die Zeit danach erleben und was beim Heilen hilft. Berlin

weder Trost noch Hilfe, dann wird diese zu einer lebenslänglichen Zeit danach. (Dazu später.)

In den Beispielen wurde deutlich, dass die erwähnten Kinder nicht nur einmalige Gewalterfahrungen erleiden mussten, sondern dass diese sich wiederholten. Sie erleben die Zeit nach einer Gewalterfahrung nicht als Zeit des Trostes und Schutzes, der Erholung und Solidarität, sondern als »Zeit davor«, als Zeit, in der eine neue Gewalttat droht. Dies potenziert die Belastung.

1.2.2 *Die Erniedrigung*

G. erzählt: »Immer habe ich alles falsch gemacht. Egal, ob in der Schule oder zu Hause. Wenn ich im Haushalt helfen sollte, was ich jetzt gar nicht mehr mache, dann war es immer nicht richtig. Nie war es gut. Selbst wenn ich Geburtstag hatte, habe ich die falschen Sachen angezogen. Angeblich. Und habe mich nicht richtig benommen. Immer wurde an mir rumgenörgelt und rumgemäkelt. Irgendwann dachte ich selbst, dass ich immer alles falsch mache. Dass ich unfähig bin, irgendetwas auf die Reihe zu bekommen.«

Wenn Kinder oder Jugendliche ständig hören, dass sie alles falsch machen, dann fühlen sie sich falsch. Sie fühlen sich erniedrigt und minderwertig. Dies erfahren wir von nahezu allen hochbelasteten Kindern und Jugendlichen.

Ein anderes Beispiel:

L. hört von ihren Eltern immer wieder, dass sie ein »Trampel« sei: »Du bekommst höchstens einen Friseur als Mann oder einen Bauern. Das wird ja nie was mit dir. Den Schulabschluss kannst du vergessen, so wie du drauf bist. Du bist und bleibst ein Trampel!«
In L. setzt sich fest, dass sie absolut falsch ist. Nicht die Äußerungen der Eltern. Die Erniedrigung sickert in ihr ein und wird zum Teil ihres Selbstverständnisses. Wenn die Oma sie besuchen kommt, die sie

nicht erniedrigt, die sie sogar mag und ihr ein Kompliment macht, dann glaubt L. das nicht, weil die kontinuierliche Erniedrigung viel gewichtiger ist.

Solche Erfahrung werden Sie übrigens auch mit anderen hochbelasteten Kindern machen, die solche Erniedrigungen erfahren haben. Geben Sie ihnen eine ehrliche positive Rückmeldung oder machen Sie ihnen ein Kompliment, dann werden viele dieser Kinder meinen, dass dies nur ein Trick sei, um irgendetwas zu erreichen, dass sich letztendlich dahinter weitere Erniedrigung verbirgt.

G. ist ein extrem guter Sportler. Er verfügt über ein äußerst präzises und umfassendes Körper- und Zeitgefühl. In der Schule hört er dies öfter. Doch zu Hause wird seinem Wunsch, in einen Sportverein zu gehen, nicht entsprochen. »Das kann doch gar nicht stimmen. Das sagen die Lehrer doch nur, um sich bei dir einzuschmeicheln. So wie du drauf bist, kann das nichts werden«, hört er von seinem Vater. Die Mutter schweigt. Wie beim Sport geht es ihm auch in vielen anderen Bereichen. Doch im Sport ist es am extremsten.

Eine besondere Form der Erniedrigung besteht darin, dass Kinder und Jugendliche nicht »groß« im Sinne von erfolgreich, klug, angesehen, kompetent … werden dürfen, zumindest nicht größer, als die Geschwister oder Eltern es waren. Oft haben sich Eltern darin eingerichtet, dass sie und ihre Familie »klein« bleiben müssen. Oft sind sie selbst von Trauma-bedingten Ängsten geplagt. Sie wollen, dass weder sie noch ihre Kinder »den Kopf zu weit herausstrecken«, und geben das an ihre Kinder weiter.

Eine andere Form der Erniedrigung ist die Manipulation.

M. weiß gar nicht mehr, was sie will. Sie ist elf Jahre alt, und alle ihre Mitschülerinnen wissen, was sie wollen. Das betrifft die Kleidung, die Spiele, die Freunde und Freundinnen, Urlaube und vieles andere mehr. M. weiß es nicht. Sie hat Schlimmes erlebt, und vor allen Dingen weiß ihre Mutter immer alles. Wenn M. einen Vorschlag macht, was sie anziehen möchte, hört sie: »Nein, zieh das andere an. Das steht dir besser.« Wenn sie sich wünscht, mit einer Freundin ins Kino zu gehen, weiß die Mutter besser, dass der Film nichts für M. ist. Sie sollte lieber etwas anderes machen. So geht es jeden Tag. Irgendwann passt sich M. den Vorschlägen der Mutter an (der Vater ist schon lange weg). Die Manipulation wird zur Selbstverständlichkeit.

Wenn die Manipulation so alltäglich wird, dann verlieren Kinder und Jugendliche ihren »inneren Kern der Bewertung«[3]. Dann wissen sie nicht mehr, was sie wirklich wollen oder wünschen und was sie anstreben. Auch dies ist eine Form der Erniedrigung. Sie kann mit Komplimenten garniert sein. Wenn M. dem Wunsch der Mutter folgt und das geblümte Kleid anzieht, erhält sie Komplimente: »Oh, das steht dir gut. Habe ich dir doch gesagt. Wunderbar …« Doch diese Komplimente sind Giftpfeile, weil sie auf der Manipulation und der Unterordnung beruhen. Sie sind Ausdruck der Erniedrigung.

Auch Gewalt, das haben wir gesehen, erniedrigt. Doch Erniedrigung kann auch andere Formen annehmen. Die Wirkung ist jeweils die gleiche: Kinder und Jugendliche werden entwertet, werden entwürdigt. Das belastet. Manche rebellieren dagegen und erhöhen sich hilflos und maßlos. Andere resignieren und machen sich ihr »Klein-Sein« zu eigen: Ich bin nichts wert, ich bin falsch.

1.2.3 Die Beschämung

Schon in jungen Jahren beginnen Kinder, ihre natürliche Scham zu entwickeln. Sie brauchen auch ihre Geheimnisse. Sie wollen vor Fremden nicht mehr alles preisgeben, und sie wollen sich auch nicht mehr so ohne Weiteres nackt zeigen. Später entwickelt sich die natürliche Scham und wird Teil der Gefühlswelt von Kindern und Jugendlichen.

---

3 Rogers, C. R. (2003): Der neue Mensch. München

Dies betrifft vor allem Aspekte, die für die Kinder und Jugendlichen intim sind und intim bleiben sollen. Wenn sie sich bekleckern, wollen sie dies verbergen. Wenn sie Fehler machen und sich zum Beispiel im Mathematikunterricht verrechnet haben oder eine schlechte Note schreiben, dann ist es ihnen peinlich, dies anderen zu erzählen. Auch wenn sie sich verlieben und unbekannte neue Gefühle entwickeln, ist das mit natürlicher Scham besetzt.

Wir, meine Kolleg/innen und ich, bezeichnen diese Scham als natürliche Scham, weil sie für die Menschen wichtig ist. Sie ist die Wächterin des intimen Raums (siehe Kapitel 5), sie verteidigt die Intimität. Wenn die natürliche Scham auftritt, heißt das, dass die Intimität in Gefahr ist, verletzt zu werden. Dies ist für Kinder wie für Erwachsene wichtig zu wissen und zu spüren.

Daneben gibt es eine andere Art der Scham, die sich zunächst einmal ähnlich anfühlt, aber einen ganz anderen Charakter hat. Es ist die Beschämung. Sie gehört zu den Monstern der Entwürdigung. Beschämung kommt nicht wie die natürliche Scham von innen, sondern sie kommt von außen auf die Kinder und Jugendlichen zu. Sie werden vorgeführt. Ihre Intimität wird preisgegeben. Gegenüber Dritten wird dies und jenes von den Kindern erzählt und darüber gelacht. Auch in der Schule erfahren sie von anderen Kindern und manchmal auch von Lehrern und Lehrerinnen Beschämung:

> Wenn F. mal wieder keine Hausaufgaben gemacht hat, wird sie öffentlich an den Pranger gestellt. Wenn sie in einer Klassenarbeit eine schlechte Note hat, wird das vor allen Kindern verkündet. Wenn sie auf eine Frage hin etwas nicht weiß oder sich verspricht, lachen sowohl der Lehrer als auch ein Teil der Kinder. F. möchte nicht mehr zur Schule gehen. Sie hält das nicht mehr aus.

Auch Kinder und Jugendliche brauchen ihren Schutzraum, ihren intimen Raum. Wenn ein Kind ein Tagebuch führt und dies von jemand anderem (Eltern, ältere Geschwister …) gefunden und der Öffentlichkeit preisgegeben wird, dann verletzt sie das zutiefst. Wenn im Internet Intimitäten, Beschimpfungen oder Unzulänglichkeiten veröffentlicht werden, dann ist das beschämend und verletzend.

Die Beschämung produziert keine blauen Flecken auf der Haut wie die meisten Formen der Gewalt, aber sie schlägt Wunden in das Herz. Sie macht Kinder und Jugendliche schutzlos und Verletzte noch verletzlicher. Sie gehört zu den Monstern der Entwürdigung, weil die entwertet und Leid zufügt. Um die Beschämung und ihre Folgen zu wissen und ihr entgegenzutreten, ist wichtig, da sie oft still daherkommt. Beschämte Kinder und Jugendliche erzählen nur selten davon. Sie schämen sich. Manche ziehen sich zurück, andere beschämen selbst, viele irrlichtern hilflos umher. Beschämung und ihre Folgen zu erkennen und anzusprechen, Solidarität zu zeigen und den Beschämenden wehrhaft entgegenzutreten, kann diese Belastung hoch belasteter Kinder und Jugendlicher abbauen.

1.2.4 Ins Leere gehen

Ein Säugling greift nach einer erwachsenen Person, doch er greift ins Leere. Ein Kleinkind schaut, doch sein Blick wird nicht erwidert. Ein einjähriges Mädchen schreit und ruft, doch es wird nicht verstanden, es wird nicht gehört. Ein dreijähriger Junge möchte sich anlehnen, doch es ist niemand da. Die Erwachsenen, an die er sich anlehnen möchte, zucken weg.

Wenn Kinder ins Leere gehen, dann tut dies weh. Ich beschreibe hier die Leere-Erfahrungen, die ich primäre Leere nenne. Damit ist nicht gemeint, dass wir als Erwachsene manchmal vollgefüllt mit Informationen und Impulsen anderer sind und uns danach sehnen, endlich einmal nichts mehr mitzubekommen und auszuspannen. Nein, gemeint ist eine Leere, die Kinder, Jugendliche und auch Erwachsene erfahren, wenn sie andere Menschen brauchen und keine Resonanz auslösen. Nicht gesehen und nicht gehört zu werden, sich nicht anlehnen zu können und mit dem Greifen ins Leere zu gehen, ist eine

Entwürdigung. Sie hat nachhaltige Folgen. Manche Kinder geben auf zu schauen und zu greifen, sie resignieren und verstummen. Auch ihr Blick wird trüb und ihre Stimme leise. Andere Kinder werden immer lauter und versuchen aggressiv, andere Menschen zu ergreifen, also die Begegnung durch die Leere hindurch zu erzwingen.

Eine andere Leere sind die Leere-Erfahrungen nach Gewalt, vor allem nach traumatischen Erlebnissen. Gabriele Frick-Baer hat in einer umfangreichen Untersuchung Menschen befragt, was sie erfahren haben und was sie gebraucht hätten, nachdem sie ein Trauma sexueller Gewalt als Kind erleben mussten[4]. Die Antworten waren einhellig: Alle Befragten haben sich allein gelassen gefühlt. Manche haben erzählen können, was ihnen widerfahren ist, doch ihnen wurde nicht geglaubt. Andere konnten nicht darüber reden, was sie erlebt haben, weil ihnen nie geglaubt wurde. In welcher Form auch immer: Die befragten Menschen haben Leere erlebt.

Eine Frau, die sexuelle Gewalt erfahren hatte, sagte: »Am schlimmsten ist das Alleinsein danach.« Für Kinder und Jugendliche entscheidet die »Zeit danach«, ob die traumatische Wunde heilen kann oder nicht. Das Erleben der Gewalt ist schlimm und für viele ein Grauen. Wenn sie in der Zeit danach allein gelassen werden, kann die Wunde nicht heilen. Auch ein Beinbruch braucht eine Schiene, Schmerzmittel, Ruhe, Trost, Begleitung und die Unterstützung anderer. Wenn sie ausbleibt, dann wächst der gebrochene Knochen irgendwie aneinander, aber nicht wirklich zusammen und schmerzt später bei jedem Schritt. Auch bei der seelischen Wunde kommt es darauf an, dass Menschen in der Zeit danach nicht allein bleiben, sondern Geborgenheit, Trost, Unterstützung, Da-Sein benötigen. Dann kann die seelische Wunde allmählich heilen.

Bei vielen hochbelasteten Kindern und Jugendlichen konnte die Wunde nicht heilen, weil sie in der Zeit danach allein waren und weil

4 Frick-Baer, G. (2013): Trauma – Am schlimmsten ist das Alleinsein danach; Sexuelle Gewalt – wie Menschen die Zeit danach erleben und was beim Heilen hilft. Berlin

immer wieder neue Verletzungen hinzukamen. Die Zeit danach wurde zu der Zeit davor, sodass ein Heilungsprozess gar nicht in Gang kommen konnte. Umso wichtiger ist es in der Begleitung dieser Kinder, sie nicht allein zu lassen und sie nicht erneut und wieder ins Leere gehen zu lassen. Für sie und viele andere umfasst die »Zeit danach« nicht nur die Tage oder Wochen nach dem Gewalterleben, sondern Monate, Jahre, Jahrzehnte. Das, was sie damals gebraucht hätten, suchen sie ein Leben lang.

Die dritte Form der Leere als Monster der Entwürdigung besteht in unbetrauerten Verlusten. Auch Kinder haben Verluste: Die Freundin zieht weg. Die Oma stirbt. Der Vater zieht aus, und die Familie geht auseinander. Der große Bruder verlässt die Familie zum Studium. Beim Erleben solcher Verluste brauchen Kinder die Erlaubnis, traurig zu sein.

Trauern ist das Gefühl des Loslassens. Wenn Menschen trauern dürfen, auch Kinder und Jugendliche, dann können sie Verluste verarbeiten. Doch die Kinder und Jugendlichen dürfen nicht mit ihrer Trauer allein bleiben, und Erwachsene dürfen nicht versuchen, ihnen das Trauern zu ersparen. Traurigkeit braucht, dass sie anderen Menschen mitgeteilt wird und dass sie geteilt wird. Nur dann kann sie sichtbar werden und auch die Seele verlassen. Dann ist Trost möglich und ein Loslassen. Geschieht dies nicht, wird die Einsamkeit beim Trauern, das Verbot zu trauern oder die ungelebte Trauer zu einer Leere, die die Kinder und Jugendlichen belastet, jahrelang.

Diese drei Formen der Leere bilden das Monster des Ins-Leere-Gehens. Alle vier Monster nennen wir Monster der Entwürdigung[5]. Das Wort Würde stammt von »Wert« und beinhaltet in erster Linie, anderen Menschen einen Wert zu geben. Würde ist keine Eigenschaft, die Menschen gegeben ist, sondern sie entsteht im ständigen Prozess des Würdigens. Erfahrungen mit den Monstern der Entwürdigung ste-

5 Baer, U.; Frick-Baer, G. (2018): Deine Würde entscheidet. Finde den inneren Kompass für ein gutes Leben. Weinheim

hen dem entgegen. Sie müssen benannt und bekämpft werden, denn sie belasten, ja führen zu chronischen Belastungen, insbesondere bei Kindern und Jugendlichen.

1.3 Giftige Atmosphäre

Die vier Monster der Entwürdigung beziehen sich auf Handlungen anderer Menschen, welche die Kinder und Jugendlichen belasten und unter denen sie langfristig leiden. Manchmal werden Kinder und Jugendliche auch durch die sie umgebende Atmosphäre belastet. Auch diese nimmt ihren Ausgangspunkt in den Handlungen Erwachsener, die sich zu einer Atmosphäre entwickeln, die die Kinder und Jugendlichen umhüllt. Dies nennen wir eine giftige Atmosphäre. Sie kriecht durch alle Ritzen des Erlebens und prägt die Luft, die die Kinder und Jugendlichen atmen. Manchmal ist der Zusammenhang zwischen der Atmosphäre und den Menschen, die sie geschaffen haben und prägen, noch deutlich. Doch oft geht er den Kindern und Jugendlichen verloren. Sie leben in einer giftigen Dunstwolke, ohne zu wissen, wer das Gift ursprünglich versprüht hat.

G. lebt in einer Atmosphäre permanenter Angst. In ihrer Familie gilt, dass alle anderen eine Bedrohung sein können. Nichts darf wirklich gut sein. Alles Gute kann sich ja sofort in Schlimmes verwandeln. Für G. ist diese Atmosphäre selbstverständlich. Sie ist in ihr von Geburt an aufgewachsen. Auch sie selbst wird paranoid und kann keine freundschaftlichen Beziehungen zu Mitschüler/innen aufbauen. Auch die wohlwollendsten Lehrer haben bei ihr keine Chance. Die Eltern von G. haben in den Kriegen beim Zerfall des ehemaligen Jugoslawiens als kleine Kinder schlimme Kriegstraumata erlebt. Flucht, Vergewaltigung, Vertreibung, Denunziation, Gefangenenlager (Vater) … Diese Atmosphäre hat sie geprägt und schuf die Wolke der Angst und Bedrohung.

Eine andere giftige Atmosphäre ist zum Beispiel die Schuldatmosphäre.

S. ist an allem schuld. So fühlt sie selbst. Andere sagen das nicht. Aber sie spürt es, und sie ist sich sicher. In ihren zwölf Lebensjahren war das immer schon so. Ihre Mutter ist krank. S. versucht, ihr zu helfen, kümmert sich um sie, so gut es geht. Aber es geht nicht gut. Sie kann die Mutter nicht gesund machen, sosehr sie sich auch anstrengt. Einmal hat sie von der Mutter gehört: »Wegen dir bin ich krank. Als ich mit dir schwanger wurde, ging das los, und seit deiner Geburt bin ich krank.« Das hat sie nur einmal gehört. Danach nie wieder. Aber sie spürt es jeden Tag. Die Schuld bestimmt die Atmosphäre, in der sie lebt.

Eine weitere Atmosphäre, die Kinder und Jugendliche häufig vergiftet, ist die der Bitterkeit.

L. ist ein neunjähriger Junge. Er ist skeptisch und bitter. Er zieht sich zurück, wenn andere spielen, und zeigt nur seine Verachtung. Er ist in einer Atmosphäre der Verachtung aufgewachsen und lebt weiterhin in ihr. Der Vater ist weg, seit L. ein Jahr alt ist. Und auch die Mutter verschwindet immer wieder für zwei bis drei Tage. Dann schlägt er sich allein durch oder geht zu einer Nachbarin. Die Mutter ist verbittert darüber, dass ihre Ehe gescheitert ist. Ihre Einsamkeit bekämpft sie phasenweise mit Tabletten. Dann richtet sie eine Doppelbotschaft an ihren Sohn: »Du bist der Wichtigste für mich. Ich habe dich lieb. Du bist mein Ein und Alles.« Er möchte dies zumindest glauben, und zugleich ist er skeptisch und glaubt gar nichts mehr. Denn kurz danach ist seine Mutter wieder weg, auf Tour …

Kinder und Jugendliche, die in solchen Formen von giftiger Atmosphäre groß geworden sind, strahlen sie oft auch gegenüber anderen aus. Sie finden keine Worte dafür, aber sie haben sie einverleibt. Meist kommen andere Belastungen der Monster der Entwürdigung dazu. Einer giftigen Atmosphäre ausgesetzt zu sein, kann ein Teil der Hochbelastung sein und sollten als solche identifiziert werden.

1.4 Zugänge zum Verständnis

Zum Ausklang unserer Beschäftigung damit, wie wir hochbelastete Kinder und die Quellen ihrer Hochbelastung verstehen können, möchte ich Ihnen exemplarisch einige Zugänge zu diesem Verständnis vorstellen, die sich in der pädagogischen, sozialpädagogischen und therapeutischen Arbeit besonders bewährt haben. Es gibt selbstverständlich viele andere Zugangsmöglichkeiten. Sie alle zu erwähnen, würde den Rahmen dieses Buches sprengen. Die folgenden drei sind mir besonders wichtig.

1.4.1 Die Belastungspyramide

Die Familienhelferin hat den Auftrag, die zwölfjährige I. zu unterstützen und insbesondere ihr Leistungsvermögen in der Schule zu fördern. I. ist sehr intelligent, auch fleißig (wenn sie will). Doch in den letzten Monaten ist sie sehr »abgestürzt«, zieht sich zurück, wird unruhig und fahrig. Sie schwänzt oft die Schule, wirkt auf alle Beteiligten überfordert.
Die Familienhelferin besucht I. und den Vater, die Mutter ist vor einem Dreivierteljahr ausgezogen und lebt mit einem neuen Partner zusammen. Die Familienhelferin trifft auf eine Ansammlung von hohen Belastungen, die jede für sich genommen schon schwierig sind, sich hier aber akkumulieren.

- Die Restfamilie leidet unter dem Wegzug der Mutter. I. hat sie sehr geliebt. Jetzt sieht sie sie nur noch sehr selten.
- Der Vater ist traurig und hat depressive Schübe. Über die Mutter wird nicht geredet. Der Vater nennt sie nur noch »die Verräterin«.

- I.s kleine Schwester ist krank. Sie leidet an Neurodermitis, weint viel, kratzt sich, braucht besondere Aufmerksamkeit und stößt beim Vater auf Hilflosigkeit. I. findet deshalb noch weniger Aufmerksamkeit.
- I. hat ihre beste Freundin verloren. Sie hat sich in einen Jungen verliebt und hat nun »keine Zeit mehr für mich«.
- I.s Großvater, den sie sehr liebt, ist durch seine andere Tochter kürzlich Opa von Zwillingen geworden und beschäftigt sich sehr mit ihnen. I. ist eifersüchtig.

Solche Belastungen bezeichne ich als akkumulierte Belastungen. Sie können sie sehr gut in einer Belastungspyramide darstellen. Nehmen Sie ein großes Blatt Papier und zeichnen Sie an Ihrem eigenen Beispiel oder am Beispiel eines Kindes oder Jugendlichen, den Sie begleiten, eine solche Belastungspyramide. Beginnen Sie mit der Belastung, die Sie für die aktuell größte und gewichtigste halten, und zeichnen Sie sie in das breite untere Feld. Dann die nächste, die nächste, die nächste. Sie können die Höhe der Pyramide verlängern, je nach der Anzahl schwerer Belastungen.

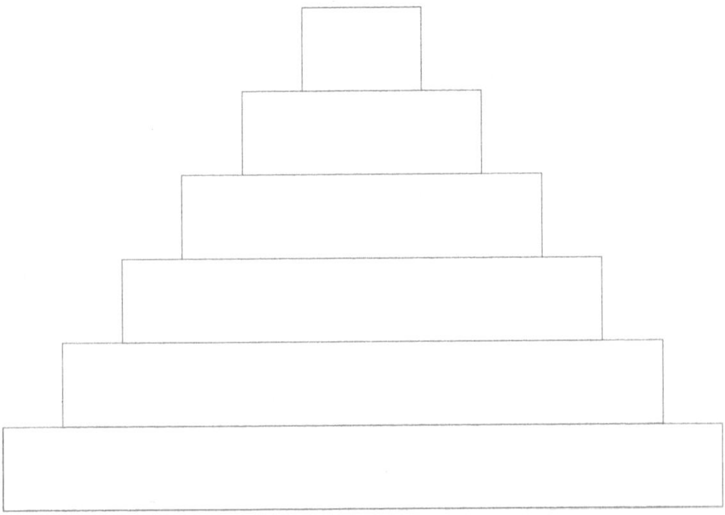

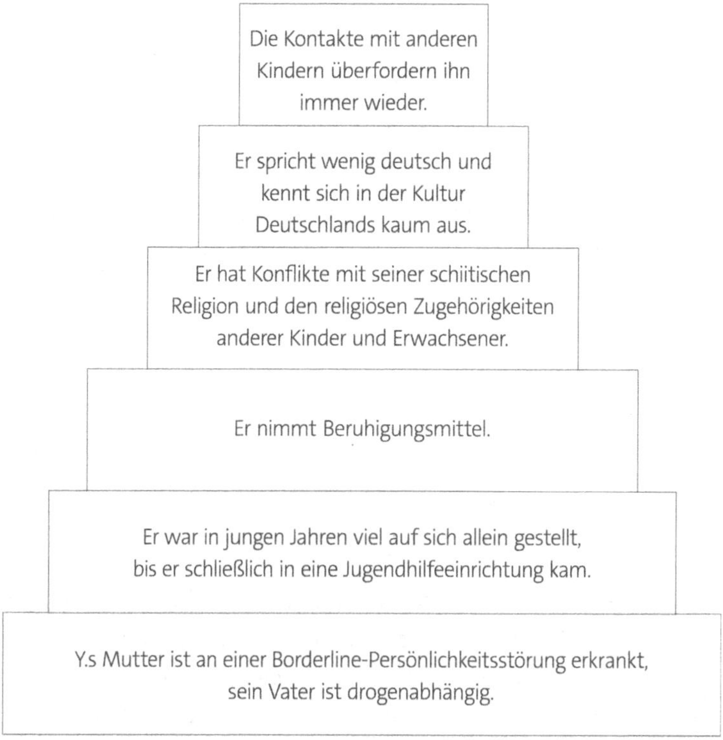

Sich diese akkumulierten Belastungen bildlich in einer Pyramide vor Augen zu führen, kann zum Verständnis hochbelasteter Kinder beitragen. Doch die Beschäftigung mit der Belastungspyramide kann noch weiteren Nutzen bringen.

Der Grundsatz lautet: Sie können nie alle oder auch nicht die meisten der Belastungen auf einmal verringern oder gar abstellen. Es gilt, einen Punkt, ich wiederhole EINEN Punkt, zu finden bei der Belastung, wo eine sofortige oder kurzfristige Reduzierung möglich ist. Bei diesem Beispiel könnte dieser Punkt darin bestehen, das ein Mitarbeiter der Jugendeinrichtung regelmäßig mit Y. spazieren geht und sich dabei mit ihm auf Deutsch unterhält, um ihm einen Bezugspunkt zu bieten, seine Scheu zu sprechen abzubauen und ein bisschen Deutsch zu üben.

Überlegen Sie, welcher Punkt dies bei einem hochbelasteten Kind oder Jugendlichen sein könnte. Besprechen Sie das im Team. Wenn möglich, besprechen Sie das auch mit dem Kind oder dem Jugendlichen. Dann gehen Sie den Punkt an.

Später geht es dann darum, die nächste Belastung zu reduzieren, dann die nächste und wieder die nächste. Schritt für Schritt. Beginnen Sie mit einem Bestandteil einer Belastung, nicht mit mehreren.

1.4.2 *Zu viel, zu wenig*

K. war alles zu viel. Er hatte »keinen Bock mehr«. Er lebte in einer Wohngruppe. Geweckt zu werden, war ihm zu viel. Hausaufgaben zu machen, war ihm zu viel. Sich an Regeln zu halten, war ihm zu viel …

Wenn Kindern oder Jugendlichen etwas zu viel ist, dann hilft oft die Frage: Was ist dir denn zu wenig? Was kommt zu kurz? Was vermisst du?

Als die Erzieherin sich mit K. darüber unterhielt, wollte er zunächst gar nicht auf ihre Fragen antworten. Doch sie blieb hartnäckig und fragte weiter, während sie spazieren gingen. Irgendwann begann K. zu erzählen, und es wurde deutlich: Ihm fehlte Sicherheit. Er wusste nicht, wie lange er in der Wohngruppe bleiben dürfe. Er hatte vorher schon mehrmals wechseln müssen. Er war unsicher, ob die Erzieherin, der er vertraute, an ihrer Arbeitsstelle blieb. Er hatte schon so viele Wechsel und Veränderungen hinter sich. Er brauchte Kontinuität. Er brauchte Stabilität.

Um es zu wiederholen: Wenn Kindern etwas zu viel ist, hilft es oft, nach dem zu fragen, was zu kurz kommt. Und auch umgekehrt. Wenn bei den Kindern zu wenig da ist, ob sie das nun selbst äußern oder ob die Begleitpersonen es nur wahrnehmen oder vermuten, ist es richtig, danach zu suchen, was zu viel sein könnte (an Anforderungen, Druck, Verantwortlichkeiten, ungelebter Trauer …). Mit dieser Polarität zu arbeiten, eröffnet neue Perspektiven zum Verständnis der Kinder.

zu viel	zu wenig
Was kann ich tun?	

Nutzen Sie die beiliegende Grafik, um für ein Kind, das Sie begleiten, eine Übersicht zu erstellen, was zu viel oder was zu wenig sein könnte. Schreiben Sie das, was Sie wissen, hinein, aber möglichst auch das, was Sie vermuten. Wo Sie unsicher sind und das Kind fragen wollen oder sich bei Ihren Kollegen/innen erkundigen möchten, schreiben Sie die Fragen mit Rotstift hinein. In dem unteren Feld notieren Sie bitte alle Ideen, wie Sie dem Zuviel oder dem Mangel begegnen könnten: Was können Sie dem Kind oder dem Jugendlichen bieten? Hier schreiben Sie im ersten Schritt alles unzensiert auf, was Ihnen einfällt. Dann streichen Sie alles, was undurchführbar ist. Und schließlich unterstreichen Sie das, womit Sie anfangen wollen.

1.4.3 *Die Weisheit der Kinder*

Eine Lehrerin an einer Schule macht sich Sorgen um ein Mädchen in der siebten Klasse. Das Mädchen ist offenbar schwer bindungsgestört. Ihr scheinen alle und alles egal zu sein. Die Versuche der Lehrerin, sie zu »erreichen«, scheitern. Sie sagt: »Ich komme nicht an sie ran. Mir ist es so, als würde ich vor eine Mauer rennen.«

Mit hoher Wahrscheinlichkeit wird sich auch das Mädchen so fühlen wie die Lehrerin. Sie kommt nicht an andere Menschen heran, vielleicht nicht an die Mitschüler/innen, vielleicht nicht an die Eltern. Sie hat den Eindruck, »vor eine Mauer zu laufen« und nicht weiterzuwissen. Ich nenne das die Weisheit der Kinder[6]: Wenn Kinder für das, was sie fühlen, keine Worte haben oder aus anderen Gründen es nicht mitteilen können, dann rufen sie dieses Gefühl in uns Menschen, die diese Kinder und Jugendlichen begleiten, hervor. Wenn Sie sich hilflos fühlen, dann besteht eine hohe Wahrscheinlichkeit, dass das Kind, das Sie begleiten, sich auch hilflos fühlt. Wenn Sie sich schämen, kann dies ein Hinweis auf Schamgefühle des Kindes sein …

Ein Zugang zum Verständnis der Kinder liegt deshalb darin, diese Weisheit der Kinder ernst zu nehmen. Achten Sie darauf, was das Kind bei Ihnen an Gefühlen und anderen Resonanzen hervorruft, welche Bilder, Emotionen, Stimmungen in Ihnen auftauchen. Nehmen Sie dies als Hinweis darauf, dass solche Regungen auch in dem Kind vorhanden sein können. Ich betone »können«, weil es keine Sicherheit darüber geben kann. Doch meine Erfahrungen zeigen, dass es sich lohnt, solchen Hinweisen nachzugehen, nachzufragen, nachzuspüren usw. Die eigenen Resonanzen und sonstigen Empfindungen können Zugang zum Verständnis der Kinder ermöglichen.

---

6 Baer, U. (2018): Die Weisheit der Kinder. Wie sie fühlen, denken und sich mitteilen. Stuttgart

Ich kam in der therapeutischen Begleitung mit einem achtjährigen Jungen nicht weiter. Er blockte, ich war ratlos. Alles, was ich versuchte, scheiterte. Ich begann, mich zu schämen, und erzählte dies meiner Frau und Kollegin. Sie fragte mich: »Kann es sein, dass sich der Junge auch schämt?«

Mir fiel es wie Schuppen von den Augen: Ja, das konnte sein. Der Vater des Jungen hatte die Familie verlassen. (Dass dies in vielen meiner Beispiele erwähnt wird, ist leider der Häufigkeit geschuldet, in der dies in der Lebenswirklichkeit hochbelasteter Kinder erfolgt.) Vielleicht schämte sich der Junge, dass er nun in keiner »vollständigen« Familie mehr lebte? Vielleicht schämte er sich, dass er die traurige Mutter nicht trösten konnte? In der nächsten Begegnung erzählte ich von meinen Schamerfahrungen als Kind. Er tat »cool«, so, als würden ihn meine Geschichten absolut nicht interessieren, doch ich merkte, dass er aufmerksam zuhörte.

Das Wort »Scham« wurde von ihm weder in dieser Situation noch später erwähnt, doch von diesem Moment an ging es weiter, die Blockade war gelöst …

Probieren Sie aus, die »Weisheit der Kinder« ernst zu nehmen.

2 Der zweite Weg: Rahmung

Hochbelastete Kinder und Jugendliche haben meist den sicheren Rahmen ihres Lebens verloren. Sie brauchen einen Rahmen, innerhalb dessen sie sich geschützt fühlen und sich entwickeln können. Dieser Rahmen kann erschaffen und immer wieder neu geschaffen werden. Einen neuen Rahmen zu erfahren, ist für die Kinder ein fortwährender Prozess, für die Begleitenden bedeutet es ein anhaltendes Bemühen. Um diesen Prozesscharakter zu betonen, bezeichne ich diesen Weg als Rahmung.

2.1 Sichere Orte

In der Traumapädagogik und Traumatherapie hat seit vielen Jahren die Arbeit mit dem »sicheren Ort« einen besonderen Stellenwert. Die Notwendigkeit einer Pädagogik bzw. Traumapädagogik des »sicheren Ortes«[7] wird damit begründet, dass Kinder, Jugendliche und auch Erwachsene, die traumatische Erfahrungen machen mussten, verunsichert sind und kein Vertrauen mehr in die Umgebung haben. Um dieser Verunsicherung entgegenzuwirken, brauchen sie Stabilität, Halt und den »sicheren Ort«. Dabei wird der »sichere Ort« vor allem in zweierlei Hinsicht verstanden:

Erstens wird versucht, die traumatisierten Menschen darin zu unterstützen, sich in ihrer Imagination einen »sicheren Ort« vorzustellen[8]. Durch Fantasiereisen werden die Menschen darin angeleitet, sich Orte

---

7 Zum Beispiel: Bausum, J.; Besser, L.-U. et al. (2013): Traumapädagogik: Grundlagen, Arbeitsfelder und Methoden für die pädagogische Praxis. Weinheim

8 Zum Beispiel: Spangenberg, E.; Reddemann, L. (2017): Behutsame Trauma-Integration (TRIMB): Belastende Erfahrungen lösen mit Atmung, Bewegung und Imagination (Leben lernen). Stuttgart

auszumalen, an denen sie sich sicher fühlen. Diese werden dann in Worten beschrieben, manchmal auch gemalt. Sie werden zu einem inneren Zufluchtsort, den Menschen aktivieren können, wenn sie sich verunsichert fühlen.

Als Zweites wird das Konzept des »sicheren Ortes« vor allem in der Jugendhilfe dazu verwandt, die Einrichtungen der Jugendhilfe als »sicheren Ort« zu konzipieren. Manchmal sollen auch Schulen oder Berufsschulen »sichere Orte« werden. Richtig daran ist, dass Menschen mit traumatischen Erfahrungen und damit existenziellen Verunsicherungen eine möglichst haltende und geborgene und damit auch sichere Umgebung brauchen. Alles, was dem dient, sollte unterstützt werden.

Das Konzept des »sicheren Ortes« kann und sollte aber erweitert werden. Dass hochbelastete Kinder und Jugendliche mit traumatischen Erfahrungen sich einen »sicheren Ort« vorstellen, ist sinnvoll. Doch wissen wir aus Erfahrungen mit Imaginationen, dass positive Imaginationen nicht immer allein daherkommen, sondern oft mit negativen Bildern, ja manchmal mit verängstigenden Schreckensbildern verbunden sein können, insbesondere bei mehrfach traumatisierten Kindern und Jugendlichen. Es bedarf daher besonderer Ausbildung und Begleitungskompetenz, Kinder bei solchen Imaginationen zu begleiten. Sie brauchen nicht nur die einfach scheinende Hilfe, positive Bilder eines »sicheren Ortes« herzustellen. Sie brauchen darüber hinaus Hilfen, zwischen Angst machenden und positiven Bildern und Vorstellungen zu wechseln.

Dabei hilft nach meinen Erfahrungen das Verraumen[9]. Ich bitte die Person, sich einen Ort in einem Raum zu suchen, an dem sie sich relativ sicher fühlt. Diese Platzierung kann nur ein Ausdruck »relativer« Sicherheit sein, aber immerhin einer größeren Sicherheit als vielleicht an anderen Orten. Diese Verraumung, diese Verortung, unterstützt das Entstehen innerer Bilder. Wenn Menschen sich bei Verunsicherungen an diesen »sicheren Ort« begeben, hilft das,

9 Baer, U. (2012): Kreative Leibtherapie – das Lehrbuch. Berlin

Wir arbeiten auch oft mit drei Räumen[10]. Zunächst bestimmt die jugendliche Person einen Raum der Sicherheit und umrandet ihn mit Seilen. Dann bestimmt sie einen Raum der Unsicherheit (des Schreckens, der Bedrohung …) und trennt ihn ebenfalls mit Seilen ab. Wenn sie das nicht selbst tun kann, kann das die Pädagogin oder Therapeutin übernehmen. Diesen Raum braucht das Kind, der/die Jugendliche nicht zu betreten. Er ist nur dazu da, damit das, was innen ist, nach außen kommt und dort einen Platz findet. Der Raum »dazwischen« ist nun interessant: Was brauchst du als Schutz? Als Abstand? Als Unterstützung? Usw. Darüber zu reden ist fruchtbar.

Eine zweite Unterstützung »sicherer Orte« besteht darin, dass wir den Begriff des »unzerstörbaren Kerns« benutzen. Wir gehen davon aus, dass Kinder und Jugendliche einen unzerstörbaren Kern haben, ganz gleich, wie sehr sie geschunden oder bedrängt worden sind, und sagen ihnen: »Diesen Kern haben die Täter/innen nicht erreicht. Dieser Kern ist unzerstörbar, ist dein Eigenes, dein Innerstes und Kostbarstes.« Wenn Menschen diesen unzerstörbaren Kern malen oder zum Beispiel aus Ton oder Stoff gestalten, dann hebt dies ihr Selbstwertgefühl, und dann finden sie damit einen Bezugspunkt zu einem »sicheren Ort«, den sie immer wieder sehen und greifen, buchstäblich in den Blick und in die Hand nehmen können.

Der nächste »sichere Ort«, den traumatisierte Menschen mit uns Begleiter/innen gewinnen können, liegt in den Beziehungen selbst. Denn traumatische Erfahrungen sind Beziehungserfahrungen. Es waren andere Menschen, die den Betroffenen Leid zugefügt haben, die sie vergewaltigt, geschlagen und erniedrigt haben. Es waren andere Menschen, die Hilfeleistung unterlassen und die Opfer allein gelassen haben. Die traumatischen Erfahrungen sind daher immer eine Beziehungskränkung.

Beziehungskränkungen brauchen Beziehungsheilung. Wer existen-

10 Frick-Baer, G. (2008): Leibbewegungen, Herzkreise und der Tanz der Würde. Methoden und Modelle der Tanz- und Bewegungstherapie. Berlin

ziell beziehungsgekränkt ist, muss misstrauisch gegenüber anderen Menschen sein, muss in seinen Begegnungen und Beziehungen zu anderen verunsichert sein. Deswegen ist die Arbeit am »sicheren Ort« für uns nicht anders vorstellbar, als dass sie vor allem als Beziehungsarbeit geschieht. Wir müssen den traumatisierten Kindern und Jugendlichen helfen, relativ sichere Beziehungen herzustellen, wiederaufzubauen. Dies geht durch die Erfahrungen des Misstrauens hindurch. Wir müssen Misstrauen zulassen, auch wenn es für uns manchmal schmerzlich ist. Wir müssen uns unserer Vertrauenswürdigkeit und unserer Wahrhaftigkeit gewiss sein. Wir müssen den Menschen helfen, dass sie unterscheiden können, wem sie misstrauen und wem sie vertrauen können und woran sie dies festmachen. Diese Beziehungsarbeit schafft Annäherungen an sichere Beziehungen und damit an einen »sicheren Ort«, der den Kern der Verletzung, nämlich die Beziehungskränkung, schrittweise heilen kann.

Statt von einem sicheren Ort reden wir in diesem Zusammenhang eher von der Notwendigkeit, dass diese Kinder und Jugendlichen eine Rahmung benötigen. Dazu gehört ein Rahmen, aber Rahmen wäre zu wenig, denn Rahmung ist – ich betone es noch einmal – ein Prozess. Hochbelastete Kinder und Jugendliche brauchen immer wieder einen sicheren Orientierungsrahmen, der sich mit ihrem persönlichen sicheren Ort verbindet. Sie benötigen diese Rahmengebung von uns, innerhalb deren sie Sicherheit finden können, ihren inneren Kern entwickeln und ihre Beziehungsfähigkeit aufbauen können.

Der Prozess der Rahmung ist wie gesagt ein andauernder Prozess. Er geht über die Frage des sicheren Ortes hinaus. Mit den hochbelasteten Kindern und Jugendlichen auf den Weg der Rahmung zu gehen, beinhaltet zahlreiche Aspekte und wirft mehrere Fragen auf, auf die ich im Folgenden eingehen werde.

2.2 Täterkontakt?

Wenn traumatisierte und anderweitig hochbelastete Kinder mit Täter/innen in Kontakt kommen, werden sie grundsätzlich verunsichert. Deswegen ist die Regel »kein Täterkontakt« richtig und notwendig. Doch in der konkreten Praxis sind mehrere Aspekte zu bedenken.

Täter bzw. Täterinnen sind nicht nur die Menschen, die unmittelbar Gewalt zugefügt haben. Es gehören auch diejenigen dazu, die bei traumatisierenden Ereignissen zugesehen haben, die nicht geholfen haben, die Kinder und Jugendliche in der Zeit danach allein gelassen haben.

Für alle traumatisierten Kinder und Jugendliche, das haben, wie schon erwähnt, Untersuchungen gezeigt, ist die »Zeit danach« von entscheidender Bedeutung. Befragungen haben ergeben, dass sich die Kinder und Jugendlichen nach sexuellen Gewalterfahrungen oder anderen Übergriffen fast immer allein gelassen gefühlt haben. Sie konnten darüber nicht reden oder ihnen wurde nicht geglaubt. Sie blieben emotional allein oder wurden schuldig gesprochen. Dieses »Alleinsein danach« gehört zu den traumatischen Erfahrungen. Es gehört zum traumatischen Prozess: Nicht nur die Taten, sondern auch die Zeit danach, das Allein-gelassen-werden-Danach, haben langfristige Wirkungen. Die Wirkung des Alleinseins-Danach besteht vor allem darin, dass sich in den Kindern und Jugendlichen ein Grundgefühl entwickelt, dass sie es nicht wert sind, getröstet zu werden, und dass sie es nicht verdienen, geschützt zu werden. Sie verstummen oder reden nur noch, aber nicht mehr über das, was sie bewegt. Sie arrangieren sich mit der Zeit danach. Das heißt, dass diejenigen Menschen, die die Kinder allein gelassen haben, nicht nur der unterlassenen Hilfeleistung schuldig sind, sondern aktiv am Trauma-Prozess mitgewirkt haben.

Wir haben oft Situationen erlebt, dass Kinder und Jugendliche in Einrichtungen der Jugendhilfe, die von Hochbelastungen gezeichnet waren, keinen Täterkontakt zum Beispiel mit dem Vater hatten, wohl aber mit der Mutter. Doch auch nach diesen Kontakten waren sie oft verstört und verwirrt, denn die Mutter hatte zugeschaut und zugelassen.

Ö. ist 11 und war vom Vater und einem zweiten Täter oftmals vergewaltigt worden. Beide sind im Gefängnis. Der Mutter konnte eine Mittäterschaft nicht nachgewiesen werden, offiziell ist sie keine Täterin. Doch sie musste von den Gewalttaten gewusst haben, denn die körperlichen Verletzungen und die seelische Verstörtheit konnten ihr nicht entgangen sein, und sie hatte Ö. nicht geschützt. Ö. lebt in einer Mädchenwohngruppe. Das Jugendamt hat offenbar juristisch keine Handhabe, den Kontakt zur Mutter zu unterbinden. Manchmal will Ö. die Mutter sehen, manchmal nur mit ihr telefonieren. Nach jedem Kontakt verstummt Ö., sie spricht ein, zwei Tage kein Wort.

Es ist für jedes einzelne Kind und für jeden einzelnen Jugendlichen zu klären, wer zu der Tat und den Täter/innen hinzugehört. Noch einmal: Es können und sollten oft auch die Menschen dazugezählt werden, die die Kinder allein gelassen haben, die den Täter/innen Rückendeckung gegeben haben und nicht den Kindern und Jugendlichen. Bei der Entscheidung, wer ist Täter/in, muss dies berücksichtigt werden, und dementsprechend müssen Entscheidungen getroffen werden, mit wem der Kontakt zu unterlassen oder zu verhindern ist. Dies kann bedeuten, dass nicht nur der Kontakt mit den unmittelbaren Täter/innen zu unterlassen ist, sondern auch mit denen, die das Kind oder den/die Jugendliche allein und im Stich gelassen haben.

Ein weiterer Aspekt beim Täterkontakt besteht darin, dass Kinder immer wieder Menschen lieben, die ihnen Leid angetan haben. Wenn es der Vater, die Mutter, andere nahestehende Verwandte waren, dann haben sie auf der einen Seite Angst vor ihnen, und auf der anderen Seite ist die Liebe oft so stark, dass sie immer wieder auch den Kontakt suchen oder fordern. Vielleicht ist es auch nicht die Liebe, sondern die Sehnsucht, geliebt zu werden. Was auch immer die Kinder bewegt – wir begegnen in der Jugendhilfe gerade bei den hochbelasteten Kindern und Jugendlichen oft dem Wunsch, mit Täter/innen oder ehemaligen Tätern/innen in Kontakt zu kommen. Hier hilft es nicht, pauschal das Verbot von Täterkontakten zu verkünden. Hier ist auch auf die Seite der Sehnsüchte und der Liebe einzugehen. So wichtig der Leitsatz: »Kein Täterkontakt« ist: Es helfen keine Dogmen. Mit jedem Kind und mit jedem Jugendlichen muss individuell geschaut und gehandelt werden, wie den verschiedenen Herzen, die in dem Kind schlagen, Rechnung getragen werden kann. Manchmal hilft es, einen Kontakt zu haben mit Begleitung. Manchmal ist ein Anruf sinnvoll mit einer notwendigen intensiven Nachbesprechung (manchmal unmittelbar danach, meist einen Tag später, weil unmittelbar danach das Kind oder der Jugendliche zu verstört ist). Es müssen Wege gefunden werden, wie Kinder und Jugendliche einerseits geschützt werden und gleichzeitig aber auch ihren Sehnsuchtsgefühlen Rechnung getragen werden kann. Das geht nicht oder nicht nur mit Entweder-oder-Entscheidungen, sondern mit Suchbewegungen nach dem Weg, der den Kindern und Jugendlichen das Bestmögliche im Drama ihres Lebens ermöglicht.

Auch das gehört zur Rahmung.

2.3 Strukturen

A. lebt in einer Wohngruppe. Die Leiterin wechselt. Die Jugendlichen testen die neue Leiterin aus: Was können wir uns erlauben, was nicht?

Gegenüber dem Team fühlte A. sich immer unsicherer. Er wusste nicht mehr genau, an wen er sich wegen seiner Fragen wenden konnte. Seine zuständige Betreuerin sagte, dass da jetzt jemand anderes zuständig sei, das würde alles neu geregelt. Auch als er seinen Vater wieder einmal besuchen wollte, hieß es, das müsse man erst klären mit dem Jugendamt oder wem auch immer: »Ich weiß es nicht«, sagte seine bisherige Betreuerin.

Zwei Tage später rastete A. aus. Es ging nur um eine Kleinigkeit beim Essen. Er bekam einen Tobsuchtsanfall und warf mit den Tellern um sich.

A. wurde durch die unklaren Strukturen und damit in seinem Beziehungserleben verunsichert. Er war und ist völlig haltlos. Er braucht klare Zuständigkeiten als Rahmung und in seinem Rahmungsprozess. Wechsel verunsichern immer, aber hier ging es um mehr. A. und viele andere Kinder kennen Unberechenbarkeit als Last, als Leiden und als Verletzung, Willkür, Schläge, Alkohol … Jede Unsicherheit kann diese Kinder triggern und das traumatische Erleben oder andere Entwürdigungen lebendig werden lassen. A. erinnert sich dann nicht mit seinem kognitiven, expliziten Gedächtnis an die Verletzung, er spürt sie leiblich, mit seinem impliziten Gedächtnis, so, als würde sie ihm jetzt widerfahren. Dementsprechend reagiert er mit hilfloser, willkürlich erscheinender Aggressivität.

Wenn eine Verunsicherung hinsichtlich der Strukturen anhält und sich über einen längeren Zeitraum hinzieht, dann kann das dazu führen, dass die betroffenen Kinder oder Jugendlichen den Rest ihres Halts verlieren und so reagieren, als müssten sie um ihr Leben kämpfen.

Wichtig für eine entsprechende rahmende Begleitung dieser Kinder und Jugendlichen ist:

- Es muss klare Verantwortlichkeiten geben. Wenn sie wechseln, muss das kommuniziert werden. Dann müssen diese Verantwortlichkeiten auch praktiziert werden. Um die enorme Belastung, die Wechsel für die hochbelasteten Kinder und Jugendlichen bedeuten, muss gewusst und sie müssen respektiert werden.
- Es braucht Regeln. Sie geben Sicherheit. Es gibt Regeln, bei denen es keine Ausnahmen geben darf (zum Beispiel: keine Gewalt untereinander), und es gibt Regeln, bei denen Ausnahmen erlaubt sind und man »weich« bleiben darf (zum Beispiel: Zeiten, ins Bett zu gehen). Wenn es Ausnahmen gibt, muss die Linie klar und eindeutig sein für alle Beteiligten, vor allem für die Kinder und Jugendlichen. Die Einhaltung von Regeln ist in der Begleitung von hochbelasteten Kindern insbesondere in Jugendhilfeeinrichtungen, aber auch in Familien, Schule, Kita und anderen Umgebungen, immer ein gro-

ßes Thema. Die Kinder bekommen relativ schnell mit, wer von den Erwachsenen wie »tickt«, wer großzügiger mit Regeln umgeht und wer streng ist. Dies muss sich nicht zu einem Problem auswachsen, weil es auch eine Kompetenz der Kinder ist herauszufinden, mit wem sie wie umgehen können. Regeln dienen der Orientierung und damit der Stabilität und Rahmung. Regeln gelten für alle, UND es ist notwendig, Einzelfälle zu berücksichtigen, wenn es besondere Umstände und Bedingungen gibt. Das muss den Kindern gegenüber klar und offen begründet werden. Der entscheidende Punkt ist, dass Regeln nicht willkürlich eingesetzt werden und dass Differenzierungen in der Auslegung von Regeln nicht zu einer Verunsicherung der Kinder führen. Unsichere Strukturen schlagen unmittelbar auf eine Verunsicherung des inneren Kerns der Kinder durch. Diese Verunsicherung kann dann zu Flucht, Aggressivität und anderen Verhaltensweisen führen.

- Hochbelastete Kinder brauchen zumeist klare zeitliche Strukturen, also feste Tagesabläufe, regelmäßige Mahlzeiten, klare Aufgaben in der Gruppe oder der Familie. Unberechenbarkeit triggert. Offene und immer wieder gebrochene zeitliche Strukturen können existenziell verunsichern.
- Das Team sollte als Team handeln. Doch was heißt das? Unterschiede im konkreten Verhalten von Teammitgliedern zum Beispiel einer Jugendhilfeeinrichtung sind normal. Hier eine vollkommene Einheitlichkeit erreichen zu wollen, führt zu nichts mehr als zu ideologischem Druck. Differenzierungen sind selbstverständlich, so wie die Unterschiede zwischen den Menschen selbstverständlich sind. Doch die Grundhaltung muss die gleiche sein und das grundlegende Verhalten, zum Beispiel was Regeln und den Umgang mit den Kindern und Jugendlichen betrifft. Da muss das Team als gemeinsames Team handeln. Fehlt diese Einigkeit, ist keine Rahmung möglich. Unklarheit führt zu weiteren Belastungen und existenziellen Verunsicherungen.
- Wenn Erziehende und andere Begleitpersonen sich nicht selbst an

die Regeln halten, die für die Kinder und Jugendlichen gelten, sind sie im Wiederholungsfall für die Begleitung dieser Kinder nicht geeignet.

2.4 Gerechtigkeitssinn

Kinder haben ein Recht auf Gerechtigkeit. Wenn Erwachsene Eltern werden, erwächst daraus die Verantwortung und Verpflichtung, sich zu bemühen, Kinder möglichst gerecht zu behandeln.

Hochbelasteten Kindern ist mehrfach und über lange Zeit Unrecht geschehen. Dies hat zweierlei Folgen:

Einerseits schwanken viele Kinder in ihrem Erleben, was sie für Recht und was sie für Unrecht halten. Sie haben kein Maß erfahren und kaum Menschen, die ihnen für ein Maß von Nähe, Distanz, gerecht und ungerecht, Vorbild waren oder sein können.

> T. ist 16. Sie wuchs in einer giftigen Atmosphäre auf und wurde vom Vater maßlos erniedrigt. Immer wieder, jahrelang. Sie hat nun kein Maß für Kritik. Als eine Mitschülerin meinte, sie könne sich ja mal neue Schuhe zulegen, flippte sie völlig aus. Niemand konnte sie zunächst beruhigen. Sie rannte fort und »beamte« sich damit »runter«. Auch wenn sie selbst andere kritisiert, kennt sie kein Maß. Meist traut sie sich nicht, Kritik zu äußern. Sie will ja nicht so sein wie ihr Vater. Doch wenn sie enttäuscht ist, z. B., dass eine Freundin nicht zurückgerufen hat, dann schimpft sie unflätig und verletzend. Maßlos.

Es ist wichtig, diesen Kindern zu spiegeln, wenn sie maßlos sind und wenn sie sich ungerecht gegenüber anderen Kindern und Erwachsenen verhalten. Sie brauchen Korrekturen, wohlwollend und sehr klar und eindeutig. Ein Teil der Regeln ist dafür eine Hilfe. Wenn es zum Beispiel in einer Wohngruppe heißt, dass um 19.00 Uhr zu Abend gegessen wird, dann gilt dies für alle. Und wenn es einen Strafkatalog gibt für Regelübertretungen zum Beispiel für Spucken, Schlagen, Kratzen, dann muss dieser Katalog durchgehalten werden.

Diese Regeln sind kein Selbstzweck, sondern sie dienen dazu, die Kinder an ein Maß heranzuführen. Um diese Absicht ist es wichtig zu wissen, damit ein Regelwerk nicht zu einem Pseudohalt- und Machtinstrument wird. Bei Regeln geht es um Maß und nicht um Macht, auch wenn die Durchsetzung der Regeln Macht beinhaltet.

Hochbelastete Kinder mit Erfahrungen der Maßlosigkeit reizen Regeln aus. Dies ist für diese Kinder normal und kein böser Wille. Dies ist Ausdruck ihrer oft chronischen Hochbelastung und sollte als Symptom gelassen betrachtet werden, auch wenn es die begleitenden Personen manchmal bis zur Weißglut reizen kann.

Die entscheidende Hilfe zur Rahmung im Hinblick auf Maßlosigkeit sind die Menschen, die diese Kinder und Jugendlichen begleiten. *Unser* Maß, unser Verhalten ist die Orientierung, ist das Gegenmodell zu der maßlosen Entwürdigung, die sie erfahren haben. Das gelingt nicht immer und es braucht Zeit.

Auf der anderen Seite haben gerade hochbelastete Kinder einen extrem hohen Gerechtigkeitssinn entwickelt. Auch wenn sie ihm selbst oft nicht folgen können, fordern sie Gerechtigkeit ein.

P. ist in der Schule für etwas bestraft worden, was er nicht getan hat. Es schimpft lautstark über die Ungerechtigkeit. Er kann sich gar nicht beruhigen. Seine Mitschülerin C. verteidigt ihn gegenüber dem Lehrer. »Ich hab genau gesehen, dass er es nicht war!« Diese Unterstützung, diese Parteilichkeit beruhigt P. langsam.

Wer ungerecht behandelt worden ist, braucht Gerechtigkeit wie die Luft zum Atmen. Dies zu verstehen, ist wichtig. Nur so sind auch die Forderungen von hochbelasteten Kindern zu verstehen, andere Kinder, die gegen Regeln verstoßen haben, zu bestrafen. Oft sind die Strafforderungen solcher Kinder weit höher und radikaler als die der pädagogischen oder sozialpädagogischen Begleitpersonen. Damit müssen wir uns auseinandersetzen. Gerechtigkeit ist ein großes Bestreben dieser Kinder. Sie konkret zu leben und umzusetzen, ihr eigenes Maß an Richtigkeit und Gerechtigkeit zu finden, ist ein Lern- und Übungsfeld. Es gehört zur Rahmung.

2.5 Beziehungsprofessionalität

Die wesentlichen Verletzungen, die belastete Kinder erfahren haben, sind Beziehungsverletzungen. Deswegen ist der wichtigste Bestandteil des Rahmungsprozesses, dass die Begleitpersonen ihnen sichere und professionelle Beziehungserfahrungen anbieten. Dass die Kinder und Jugendlichen im pädagogischen und therapeutischen Kontext keine wiederholten Gewalterfahrungen machen dürfen, ist selbstverständlich.

Doch darüber hinaus brauchen sie möglichst viel Klarheit, Transparenz, Beziehungssicherheit, und sie dürfen nicht wieder ins Leere gehen. Deswegen ist die Beziehungsprofessionalität die Kernkompetenz aller Fachpersonen, die hochbelastete Kinder und Jugendliche begleiten. Dass dies schwierig ist und wie darauf zu achten ist, dazu später mehr.

Hier möchte ich betonen, dass die Professionalität zwei Kernaspekte umfasst. Der eine ist die Fachprofessionalität. Fachleute, die im pädagogischen, sozialpädagogischen oder therapeutischen Zusammenhang Kinder und Jugendliche mit Hochbelastungen begleiten, brauchen entsprechende Kenntnisse und Kompetenzen. Dies muss Beziehungskompetenzen umfassen, Kenntnisse darüber, wie mit Beziehungsstörungen umgegangen werden und Beziehungsrahmung erfolgen kann.

Die zweite Ebene der Beziehungsprofessionalität ist die Herzprofessionalität. Wir Fachleute, die hochbelastete Kinder begleiten, haben weder im wörtlichen noch im übertragenen Sinn einen weißen Kittel an. Wir sind nicht unberührbar. Wir sind auch mit dem Herzen beteiligt. Das ist gut so. Wenn dies zu viel wird und auch zu einer hohen Belastung führt, braucht es Supervision und andere Hilfen der Selbstfürsorge (siehe Teil C). Auch Fachleute haben Kinder. Auch Fachleute haben eine eigene Kindheit mit Belastungen erlebt. Auch Fachleute haben Mitgefühl, eigene Verletzlichkeit und Solidarität. Sie spüren Resonanzen, und das ist gut so. Die hochbelasteten Kinder sind so oft ins Leere gegangen, dass es gut ist, wenn sie uns als erwachsene Fachleute erreichen können, wenn sie auch in dieser Hinsicht Wirkung haben.

Beides, Fachprofessionalität und Herzprofessionalität, gehören zusammen. Im Prozess der Rahmung brauchen hochbelastete Kinder und Jugendliche fachlich kompetente und berührbare Begleiter/innen, mit denen sie neue Erfahrungen machen können, die Halt und Sicherheit geben.

3 Der dritte Weg: Neue Beziehungserfahrungen statt Bindungsstörung

Viele der hochbelasteten Kinder und Jugendlichen leiden unter Bindungsstörungen. Hilfe und Unterstützung muss deshalb darum wissen, was Bindungsstörungen sind, wie sie entstehen und wie sie geheilt werden können. Darauf werde ich in diesem Kapitel eingehen und zeigen, dass Kinder mit Bindungsstörungen neue Bindungserfahrungen brauchen und wie diese ermöglicht werden können.

3.1 Bindungstheorie und Bindungsstörungen

John Bowlby ist der Begründer der Bindungstheorie. Als Arzt, Psychoanalytiker und Kinderpsychiater behandelte er in den 30er-Jahren des 20. Jahrhunderts kriminell gewordene Jugendliche. Ihm fiel auf, dass viele dieser Jugendlichen distanzlos und sozial isoliert waren und dass sie überwiegend verwaist oder lange von der Mutter getrennt aufgewachsen waren.

Während des zweiten Weltkrieges beobachtete er zusammen mit dem Ehepaar Robertson in Krankenhäusern detailliert die seelischen Auswirkungen auf Kleinkinder, die von ihren Eltern getrennt worden waren. Zahlreiche weitere Untersuchungen in den 50er-Jahren folgten.

Er entwickelte aus seinen Beobachtungen Thesen, die er und seine Nachfolger/innen weiter überprüften. So entstand die Bindungstheorie[11].

Eine Kernaussage der Bindungstheorie lautet:

»Für die seelische Gesundheit des sich entwickelnden Kindes ist kontinuierliche und feinfühlige Fürsorge von herausragender Bedeu-

11 Holmes, J. (2002): John Bowlby und die Bindungstheorie. München

tung. Es besteht eine biologische Notwendigkeit, mindestens eine Bindung aufzubauen, deren Funktion es ist, Sicherheit zu geben und gegen Stress zu schützen. Eine Bindung wird zu einer erwachsenen Person aufgebaut, die als stärker und weiser empfunden wird, sodass sie Schutz und Versorgung gewährleisten kann«.[12] Diese Person ist für den Säugling in der Regel die Mutter, ihre Funktion kann ersatzweise auch von anderen Menschen eingenommen werden (Großmutter, Vater, ältere Schwester, Kinderfrau …). Ein Kind braucht auch Bindungen mit gleicher Funktion zu anderen Personen außer zur Mutter mit hierarchisch abnehmender Bedeutung.

Nun gelingt die Entwicklung solcher Bindungen offensichtlich nicht immer. Um bei einjährigen Kleinkindern unterschiedliche Qualitäten der Bindung zu überprüfen, entwickelte Bowlbys Schülerin und Mitarbeiterin Mary D. Ainsworth ihr berühmtes Trennungsexperiment »Die fremde Situation«. In der Versuchsanordnung werden Mutter und Kind zunächst aufgefordert, im Spiellabor in Gegenwart einer freundlichen fremden Person so zu spielen, wie sie es gewöhnt sind. Dann verlässt die Mutter den Raum, kehrt nach drei Minuten zurück, spielt wieder mit dem Kind, verlässt nochmals für drei Minuten den Raum und kehrt wieder zurück. All das wird beobachtet, v. a. das Verhalten des Kindes beim Spiel mit der Mutter in der ungewohnten Umgebung, beim Weggehen der Mutter und bei ihrer Wiederkehr. Aus diesem Experiment, das später in zahlreichen Ländern 100-fach wiederholt wurde, ließen sich vier hauptsächliche Bindungsmuster ableiten.

In der sicheren Bindung (Kategorie B) zeigen sich die Kinder durch den Weggang der Mutter gestört, was sie in unterschiedlichem Maße in Worten und Verhalten äußern. Bei der Wiederkehr der Mutter freuen sie sich, suchen Nähe und Berührung und wollen auf den Arm genommen werden, bevor sie sich wieder ihrem Spiel zuwenden.

Ein sicheres Bindungsverhalten ist bei hochbelasteten Kindern und

12 Grossmann, K.; Grossmann, K. E. (2006): Bindungen – das Gefüge psychischer Sicherheit. Stuttgart. S. 67

Jugendlichen nur selten anzutreffen. Deswegen gilt hier das Hauptaugenmerk den drei Arten von Bindungsstörungen.

3.2 Die drei Bindungsstörungen

3.2.1 Unsicher-vermeidendes Bindungsverhalten

Diese Kinder meiden in dem Experiment die Nähe der Mutter. Wenn diese den Raum verlässt, spielen sie unbeteiligt weiter. Wenn sie zurückkommt, wird darauf nicht reagiert, ihre Nähe aktiv abgelehnt. Die fremde Person wird eher weniger gemieden als die Mutter. Als Erklärung wird angenommen, dass diese Kinder emotionalen Ausdruck meiden oder in ihm resigniert haben. Die Traurigkeit beim Weggehen der Mutter wird nicht gezeigt, mit dem Weiterspielen wird überspielt.

Ein Beispiel aus meinem Erfahrungsfeld:

> Ein achtjähriger Junge fällt in der Schule auf. Er ist unfähig, anderen Kindern zuzuhören, und spricht immer dazwischen. Ihm wurde wahrscheinlich selbst auch nie zugehört. Der Vater ist depressiv, die Mutter mit ihm und seinen beiden Geschwistern heillos überfordert. Eines Tages zog F., ein Mitschüler, mit dem T. einigermaßen gut auskam, mit seinen Eltern in eine andere Stadt. T. zeigte keinerlei Anzeichen von Traurigkeit. Als eine Lehrerin sagte, dass sie das traurig finde, dass F. nicht mehr da sei, antwortete er nur: »Egal.« T. ist nicht in der Lage, über Gefühle zu reden.

Kinder wie T. mit einem unsicher-vermeidenden Bindungsverhalten (auch als »Kategorie A« bezeichnet) haben in der Regel massive Leere-Erfahrungen erlebt. Sie tun meistens so, als wären sie cool, und reagieren kühl auf Belastungen. Gespräche über Gefühle kennen sie nicht und können sie nicht – schon gar nicht über Beziehungen. Oft zeigen sie wenig Freude. Manche sind ausgeprägt höflich. Andere verstummen und vermeiden den Kontakt.

Wenn sie belastet sind, zeigen sie keine Gefühle oder spielen falsche vor. Das gilt auch bei Trennungsstress. Trauer und Angst werden vermieden.

Die Eltern werden idealisiert, schlimme Erfahrungen werden bagatellisiert (»Prügel ist doch normal!«). Wenn Begleitpersonen wie Lehrer/innen, Erzieher/innen oder Pädagogen/innen sich ihnen nähern und ihnen Bindung anbieten, dann werden diese oft zunächst verächtlich gemacht. Eine unsichtbare Mauer umgibt die Kinder, die nicht offenkundig zu sehen, aber oft zu spüren ist.

3.2.2 *Unsicher-ambivalentes Bindungsverhalten*

Diese Kinder sind in der »fremden Situation« ängstlich und abhängig von der Mutter. Schon vor der ersten Trennung fürchten sie sich vor der fremden Situation. Während der Abwesenheit sind sie extrem angespannt und schwanken zwischen Rückzug und Aggression. Bei der Wiederkehr ist ein deutliches Schwanken zwischen Kontaktwunsch und Widerstand gegen eine Annäherung zu beobachten. Diese Art der Bindung wird auch als »Angstbindung« bezeichnet, auch als »Kategorie C«.

Ein Beispiel dafür:

> I. ist ein dreizehnjähriges Mädchen, das in einer Pflegefamilie lebt. Sie zeigt starke emotionale Schwankungen. Oft ist sie sehr aggressiv und wehrt sich gegen alles, was an sie herangetragen wird. Dann wieder hat sie tiefe Bindungssehnsucht und springt der Mutter auf den Schoß und kuschelt wie ein dreijähriges Kleinkind.
>
> Sie selbst hält sich für »verrückt«. Sie merkt, dass sie für andere Menschen kaum aushaltbar ist, und hält sich selbst nicht aus. Sie selbst hat in ihrer Ursprungsfamilie mehrmals sexuelle Gewalt erfahren und wurde von der Mutter nicht geschützt. Die Pflegeeltern wissen nicht, woran sie mit ihr sind, und fühlen sich überfordert. I. auch.

Beim unsicheren ambivalenten Bindungsverhalten zeigt sich die Unsicherheit häufig in dem Hin und Her, darin, dass Kinder und Jugendliche sich an Erwachsene »heranwerfen«, aber dann sofort wieder weg sind. Die forcierte Vertraulichkeit ist manchmal begleitet von einer subtilen Feindseligkeit, die sich aber auch in offener Aggressivität zeigen kann. Diese Kinder und Jugendlichen zeigen zwar manchmal Gefühle wie Angst oder Trauer. Aber sie sind nicht in der Lage, sie über einen längeren Zeitraum zu leben oder sich damit auseinanderzusetzen. Sie wirken manchmal babyhaft und unreif. Ihr Verhalten hat oft etwas Theatralisches. Aus der Unsicherheit heraus klammern diese Kinder und Jugendlichen sehr und sind mit dem Hin und Her, mit ihren Ambivalenzen, beschäftigt. Da bleibt wenig Kraft, die Welt nach außen hin zu anderen Kindern hin zu erkunden, zum Lernen, zum Spielen. All das verstärkt sich durch das Verhalten vieler Erwachsener, die dieses kindliche Verhalten nervt.

3.2.3 *Desorganisiertes Bindungsverhalten*

Diese Kategorie (auch »Kategorie D«) wurde Jahre später eingeführt, um eine Kategorie für diejenigen zu finden, die aufgrund ihres extremen Verhaltens aus den anderen Kategorien herausfielen. Die Kinder zeigen in der Versuchssituation (und im Alltag) im gleichen Augenblick widersprüchliche Verhaltensweisen (z. B. mit sehnsuchtsvollen Augen auf die Mutter zugehen und sie schlagen). Stereotype und unerwartete Verhaltensweisen werden beobachtet, Verlangsamung und »Einfrieren« der Bewegungen, Konfusion, Anzeichen von Furcht. Bei Nachuntersuchungen im Alter von sechs Jahren waren die meisten Kinder dieser Kategorie den Eltern gegenüber entweder kontrollierend bestrafend oder kontrollierend fürsorglich. Es war, als hätten sie auf subtile Weise die Rolle der Eltern übernommen.

Viele hochbelastete Kinder und Jugendliche zeigen ein desorganisiertes Bindungsverhalten. Diese Kategorie beschreibt eigentlich kein Bindungsverhalten, sondern dessen Fehlen. Wenn Kinder nicht in der Lage sind, eine Bindung und damit eine vertrauensvolle Beziehung zu erwachsenen Personen aufzubauen, dann fehlt die Fähigkeit, sich zu verbinden, und ihr Verhalten gegenüber anderen wird unberechenbar.

Ein Beispiel:

> N. ist sieben Jahre alt. Seine Eltern haben sich getrennt, als er ein Jahr alt war. Danach ging die Mutter eine neue Partnerschaft ein, die aber auch nur ein Jahr lang hielt. Als N. drei Jahre alt war, brach bei der Mutter die Schizophrenie vollständig aus, und sie musste in eine Klinik. N.s Geschichte ist eine Geschichte der Trennungen und der unbetrauerten Verluste der Leere danach. Gewalterfahrungen kamen hinzu. Sein innerer Kern konnte sich nicht richtig entwickeln, war beschädigt und geschädigt.
>
> Er lebt seit einigen Jahren in einer Pflegefamilie und treibt sie an den Rand ihrer Möglichkeiten. In der Schule ist er völlig unberechenbar. Sein Verhalten schwankt zwischen hohem Interesse, wenn es darum geht, Tiere zu füttern oder zu pflegen, bis hin zur totalen Ablehnung von Anforderungen seitens der Lehrer/innen. Zu Gruppenarbeit ist er nicht in der Lage.

Wer die Monster der Entwürdigung von nahestehenden Menschen erfahren hat und keinen Halt und keinen Trost fand, dessen innerer Kern (siehe Kapitel 5) ist geschädigt. Kinder wie N. spüren keinen inneren Kern, dessen sie sicher sind und von dem aus sie sich in die Welt hinein bewegen und in ihr orientieren. An seine Stelle tritt oft Leere. Ein äußerst geringes Selbstvertrauen ist dann die Folge. Wer keine Sicherheit erfahren hat, kann keine Sicherheiten in sich spüren. Sie versuchen, diese fehlende Selbstsicherheit, dieses geringe Selbstwertgefühl durch verschiedenste Aktivitäten zu überdecken.

Viele dieser Kinder verbreiten eine geladene oder aufgesetzte Stimmung. Sie erwarten oft feindseliges Verhalten anderer. Ein Blick kann genügen, um einen aggressiven Ausbruch hervorzurufen.

In den Beziehungen zu anderen gibt es nur ein Oben oder Unten. Das trifft bei den anderen beiden vermeidenden Bindungsverhaltensmustern teilweise auch zu, ist hier aber bei der desorganisierten Bindung extrem. Viele dieser Kinder wirken wie im Schreck erstarrt, besonders wenn sie schlimmen traumatisierenden Erfahrungen ausgesetzt waren. Ihr Blick ist oft leer. Manchmal sind Bewegungen tranceartig. Und sie leiden oft an Albträumen oder Albtraumfantasien.

Als Hintergründe wurden oft Traumata sowie psychische Störungen oder Alkohol-/Drogenabhängigkeit der Mutter oder unverarbeitete Verluste eines Elternteils festgestellt. Manche Untersuchungen geben für 43 % der Kleinkinder desorganisierende Bindungseffekte infolge von Scheidungen an. Der durchschnittliche Anteil der Kategorie D, desorganisierte Bindung, beträgt 10 bis 25 %, in Städten wie Hamburg und Köln liegt er deutlich höher. Sie können also davon ausgehen, dass bei hochbelasteten Kindern und Jugendlichen Bindungsstörungen weit verbreitet sind. Um zu besprechen, was das für Folgen für die Begleitung diese Kinder haben muss, sollen zunächst über das Gesagte hinaus einige Folgen für die Kinder und Jugendlichen betrachtet werden, wie sie sich aus der Bindungsforschung ergeben.

3.2.4 *Folgen von Bindungsstörungen*

Die ursprüngliche Stichprobe von Ainsworth in Baltimores Mittelschicht ergab folgende Verteilung des Bindungsverhaltens: sicher 66 %, vermeidend 20 %, ambivalent 12 %. Die letzte Kategorie D war damals noch nicht identifiziert. Weitere Untersuchungen auch bei Angehörigen verschiedener sozialer Schichten zeigen, dass die Verteilung zwischen den drei Kategorien immer ähnlich bleibt: 65-20-10. Der Anteil der Kinder mit Bindungsstörungen steigt bei Müttern mit schweren depressiven Störungen und bei Familien, in denen sexuelle und andere körperliche Misshandlungen nachgewiesen wurden, stark an. Bei depressiven Müttern waren 40 % der Kinder unsicher-vermeidend. In Familien, in denen Missbrauch vorkommt, sind 50 % vermeidend, 30 % desorganisiert.

Diese unterschiedlichen Bindungsmuster wurden bei Kindern im Alter von einem Jahr festgestellt. Es zeigte sich, dass diese Muster auch in späteren Lebensaltern anzutreffen waren, festgestellt durch Befragungen und andere Tests. Hervorstechendes Ergebnis der Untersuchungen war, dass bei einem äußerst hohen Prozentsatz der jungen Menschen die gleiche Kategorie in verschiedenen Altersstufen diagnostiziert wurde. Mit hoher Wahrscheinlichkeit konnte und kann das Bindungsverhalten von 17-jährigen Jugendlichen vorhergesagt werden, deren Bindungsmuster als Einjährige bekannt waren bzw. sind.

Seit einigen Jahren gibt es nun Ergebnisse von Langzeituntersuchungen, die weit über das Jugendalter hinausreichen. Die Minnesota-Studie und mehrere Langzeituntersuchungen aus Regensburg zeigen, dass das frühkindliche Bindungsmuster Folgen für das Bindungsverhalten und die Bindungsfähigkeit der Erwachsenen hat – auch mit Rückwirkungen für deren Kinder. Wenn das Bindungsmuster der erwachsenen Mütter bekannt war, konnte man mit 80-prozentiger Wahrscheinlichkeit vorhersagen, dass deren Kinder im ersten Lebensjahr das gleiche Bindungsmuster befolgten.

Man weiß, welche Lebensbedingungen das Bindungsverhalten negativ verändert: Fast immer ist es der ganze oder teilweise Verlust des sicheren Gefüges im engen Umfeld. Trennung der Eltern, psychische Erkrankungen v. a. der Mutter (und damit deren Unerreichbarkeit und die Notwendigkeit, ihr Sicherheit zu geben, statt sie von ihr zu bekommen), der unverarbeitete Tod eines Elternteils oder der Großeltern, traumatische Erfahrungen und lebensgefährliche Erkrankungen sind die häufigsten Auslöser lt. Studienergebnissen. Ich würde nach meinen Beobachtungen noch häufige Wohnortwechsel hinzufügen. Wohlgemerkt: Solche Erfahrungen *können* zum Verlust sicheren Bindungsverhaltens führen, müssen dies aber nicht. Nach einer Scheidung zum Beispiel leidet ca. die Hälfte der Kinder, während sich bei den anderen keine negativen Folgen zeigen. Manche Erwachsene erzählen, dass sie als Kind erleichtert waren, als sich die Eltern trennten: »Da hörte endlich der tägliche Krieg auf!« Man kann kein einzelnes Ereignis als Ursache für Bindungsstörungen identifizieren. Es geht um einen Prozess, der aus vielen Erfahrungen und Ereignissen besteht.

Die frühen Bindungsmuster haben lange, oft lebenslange Auswirkungen und beeinflussen meist das Bindungsverhalten im Jugend- und Erwachsenenalter oder bestimmen es gar. Man könnte nun sagen: »Wenn die ersten 12 Monate sowieso alles bestimmten – was soll's!« Die ersten 12 Monate oder, genauer gesagt, die ersten drei Jahre beeinflussen viel, sehr viel, jedoch nicht alles. Mich hat immer die Frage interessiert, welche Faktoren bei Kindern z. B. mit einer Angstbindung dazu geführt haben, dass sie als Jugendliche oder junge Erwachsene nun ein sicheres Bindungsmuster leben. Denn das lässt auf Hilfs- und Veränderungsmöglichkeiten schließen. Wenn zum Beispiel 70 % der Kinder und Jugendlichen mit unsicherem Bindungsverhalten im erwachsenen Leben weiterhin in Partnerschaft und anderen Beziehungen große Probleme mit ihren Unsicherheiten haben, dann gilt es, danach zu fragen, wodurch es den anderen 30 Prozent gelungen ist, ein Bindungsverhalten zu entwickeln, in dem sie zumindest mehr Sicherheit leben als in ihrer Kindheit und Jugend.

3.3 Was Kinder mit Bindungsstörungen brauchen

Zunächst einmal ist es wichtig, das Verhalten dieser Kinder und Jugendlichen zu verstehen. Was für erwachsene Begleitende so einfach erscheint, zum Beispiel als Kind mit anderen Kindern zu reden oder zu spielen oder den Erwachsenen zuzuhören und sie ernst zu nehmen, das können diese Kinder nicht. Es ist ihnen unmöglich. Es geht nicht darum, dass sie das nicht wollen, sondern dass sie das nicht können. Dies zu verstehen und zu akzeptieren, ist wichtig. Damit muss das Verhalten nicht entschuldigt oder hingenommen werden. Es muss aber zunächst einmal gewürdigt werden, dass es so ist. Diese Kinder haben Bindungsfähigkeit nicht lernen können. Im Gegenteil. Sie haben massive und anhaltende Erfahrungen machen müssen, dass sie statt Verbindungen und Bindungen Leere, Gewalt und andere Monster der Entwürdigung erlitten haben.

Eine entscheidende Erkenntnis der Bindungsforschung besteht darin, dass die Kinder und Jugendlichen vor allem eine erwachsene Person brauchen, mit der sie Bindung entwickeln und üben können. Dies muss keine verwandte Person sein. Es ist auch möglich, dass Lehrer/innen, Sozialpädagogen/innen, Erzieher/innen oder andere Menschen diese Rolle einnehmen.

Ein solcher Prozess braucht Geduld und immer wieder Gelassenheit. Bindung entsteht nicht einfach, sondern ein sicheres Bindungsverhalten braucht eine andauernde, also langwierige sich immer wieder wiederholende Erfahrung, dass sich das Kind oder der Jugendliche auf eine erwachsene Person verlassen kann, dass diese Bindung sicher ist. Je nach Tiefe der Verletzungen wird dies nicht immer gelingen. Aber der Weg, dies zu versuchen, lohnt sich. Dabei hilft all das, was in diesem Buch beschrieben wird. Die Verlässlichkeit einer erwachsenen Elternfigur ist das Entscheidende.

In mehreren Langzeitstudien wurde von Sozialforscher/innen beobachtet, welche Faktoren Bindungsfähigkeit fördern können. Besonders die Langzeitstudien zu Bindung und Resilienz haben Faktoren herausgearbeitet, die sichere Bindungen fördern:

- Ainsworth nennt bei Säuglingen v. a. »mütterliche Feinfühligkeit«: Der Säugling ist »im Blick«, sie versteht dessen Signale und antwortet angemessen auf sie.
- Unvermittelte Trennungen werden vermieden, es gibt Übergänge, wenn Trennungen notwendig sind (Grossmann). Und: Trauern ist erlaubt.
- Mütter beziehen sich auf Gefühle der Kinder und versuchen bei negativ erlebten Gefühlen nicht, die Gefühle zu ändern, sondern die Bedingungen, die diese Gefühle hervorgerufen haben (Bowlby).
- Das Kind kann Nähe und Distanz selbst bestimmen (Ainsworth) und darf eigene Erfahrungen machen – natürlich im vorgegebenen Rahmen.
- Vonseiten der Väter scheint v. a. die Fähigkeit wichtig, mit den Kin-

dern zu spielen, zu spielen zu spielen und den Heranwachsenden Hilfestellungen bei der Bewältigung von Herausforderungen zu geben (Grossmann).
- Prof. Suess fasste das wichtigste Ergebnis der Längsschnittuntersuchungen auf einem Vortrag zusammen: »Der wichtigste positive Faktor für eine Eltern-Kind-Beziehung und damit Entwicklung der Bindungsfähigkeit besteht darin, gemeinsam Freude und Spaß zu haben beim gemeinsamen Tun.«[13]

Kinder und Jugendliche feinfühlig zu verstehen und sich ihnen als sichere Bezugsperson anzubieten, nicht nur mit Worten, sondern im Handeln, all das habe ich beschrieben und werde ich weiterhin beschreiben. Dabei brauchen bindungsgestörte Kinder und Jugendliche möglichst viel Kontinuität. Bindung entwickelt sich weder in zwei Wochen noch in zwei Monaten. Dies braucht gerade bei diesen Kindern kleine Schritte über Jahre.

In diesem Prozess wird es Unterbrechungen und Wechsel geben müssen. Diese dürfen nicht verschwiegen oder verniedlicht werden, sondern brauchen Transparenz, Offenheit und Erklärung. Zum Beispiel: »Ich fahre jetzt in Urlaub. Das brauche ich und das will ich. Ich lasse dich nicht im Stich – ich komme wieder.« Solche Ich-Botschaften geben nicht nur Sicherheit, sondern sind wirksame Beziehungsbotschaften.

---

13 Bowlby, J.; Holmes, J. et al. (2014): Bindung als sichere Basis. Grundlagen und Anwendungen der Bindungstheorie. München
Brisch, K. H. (2019): Bindungsstörungen. Grundlagen, Diagnostik und Therapie vom Säuglingsalter bis zum alten Menschen. Stuttgart
Stern, D. (1992): Die Lebenserfahrung des Säuglings. Stuttgart
Spangler, G.; Zimmermann, P. (1999): Die Bindungstheorie. Stuttgart

3.4 Meinhaftigkeit in der Zwischenleiblichkeit

»Meinhaftigkeit« und »Zwischenleiblichkeit« sind Begriffe aus der phänomenologischen Philosophie[14], die für die Unterstützung von belasteten Kindern und Jugendlichen von besonderer Bedeutung sind. Sie betreffen vor allem die Haltung, aus der sich dann konkretes Verhalten ergeben kann.

Betrachten wir dies genauer.

Wenn Sie Ihren rechten Finger an Ihre Nase führen, dann ist es Ihnen selbstverständlich, dass dieser Finger *Ihr* Finger ist und dass die Nase *Ihre* Nase ist. Diese Meinhaftigkeit meint das Spüren, dass etwas zu Ihnen gehört. In den meisten Fällen, wie in diesen Beispielen, ist die Meinhaftigkeit selbstverständlich. Doch Sie werden auch leibliche Regungen kennen, wo die Selbstverständlichkeit der Meinhaftigkeit verlorengegangen ist oder zumindest zweifelhaft ist. Ist Ihre Angst die Ihre oder die Ihres Partners oder Ihrer Partnerin? Ist die Entscheidung, wohin Sie in Urlaub fahren, Ihre Entscheidung oder die Ihrer Kinder? Oder in der Begegnung mit einem Jugendlichen: Sind der Ärger und die Hilflosigkeit, die Sie verspüren, Ihre eigenen oder die des Jugendlichen, oder gehören sie zu beiden?

Wenn es darum geht, zu spüren, zu fühlen und die Befindlichkeit wahrzunehmen, ist die Meinhaftigkeit in vielen Fällen nicht selbstverständlich gegeben, sondern etwas, um das immer wieder gerungen werden muss. Um gelingende Beziehungen mit hochbelasteten Kindern und Jugendlichen zu gestalten, ist es wichtig, der eigenen Meinhaftigkeit immer wieder gewahr zu werden. Die meisten hochbelasteten Kinder und Jugendlichen sind es gewohnt, getäuscht, belogen und betrogen zu werden. Sie reagieren allergisch, wenn Pädagog/innen und andere »so tun, als ob«. Sprüche aus dem Lehrbuch durchschauen sie,

---

14 Baer, U. (2012): Kreative Leibtherapie, Das Lehrbuch. Berlin
Fuchs, T. (2000): Leib – Raum – Person. Entwurf einer Phänomenologischen Anthropologie. Stuttgart

mögen sie noch so gut gemeint sein. Eine möglichst klare Haltung der Meinhaftigkeit ist unabdinglich, um diesen Kindern und Jugendlichen wahrhaftige Beziehungserfahrungen zu ermöglichen und als Vorbild zu wirken. Und wenn Sie im Spüren Ihrer Meinhaftigkeit unsicher sind, dann sagen Sie das. Seien Sie transparent und wahrhaftig.

Auch Zwischenleiblichkeit ist ein Begriff aus der phänomenologischen Philosophie. Der Leib ist der sich spürende und sich und seine Umwelt erlebende Mensch. Vor 200 Jahren wurde mit »Körper« der Leichnam bezeichnet und mit »Leib« der lebendige Mensch. Doch umfasst der philosophische Begriff Leib etwas, worauf es in der Begegnung mit Jugendlichen und Kindern besonders ankommt, die Lebendigkeit, die Leibhaftigkeit, die spürende Person. Das Wort Leib entstammt dem Wortstamm lib, der auch in den Wörtern »lebendig« und »Leben« enthalten ist. Das Leben und Erleben, die Leiblichkeit, pulsiert. Sie ist nicht abgegrenzt mit einer starren Mauer zwischen innen und außen, sondern sie weitet sich auf andere hin und zieht sich auch wieder zurück. Zwischenleiblichkeit meint den gespürten Raum zwischen zwei Menschen, der beide Menschen umfasst, das gemeinsame Erleben, die Atmosphäre, die Spannung, die Erregung usw. Wenn Sie mit hochbelasteten Kindern und Jugendlichen arbeiten, entstehen immer Räume der Zwischenleiblichkeit. Darüber können Sie die Kinder erreichen, und die Kinder erreichen Sie.

Als die Erzieherin Z. in die Kita kam, spürte sie sofort, dass mit E. etwas nicht stimmte. Sie wusste nicht was und war sich auch nicht sicher, woran sie es festmachen konnte. Aber da lag etwas »in der Luft« zwischen E. und ihr. Sie ging bei der ersten Gelegenheit zu E. und setzte sich zu ihr. Sie fragte E., wie es ihr gehe. E. zuckte mit den Schultern. Z. sagte: »Ich merke, dass es dir vielleicht nicht so gut geht. Du kannst mir erzählen, was los ist.« Wieder zuckte E. mit den Schultern und wandte den Blick ab. Z. bleibt hartnäckig: »Ist schon gut, du musst mir nichts sage. Ich freue mich jedenfalls, dass du da bist.« Da begann E. zu weinen, und es brach aus ihr heraus …

Um bindungsfördernde Beziehungen zu gestalten, ist es notwendig, sich wie diese Erzieherin in diese Räume der Zwischenleiblichkeit bewusst hineinzubegeben, sie zu spüren und sie pädagogisch bzw. therapeutisch zu nutzen. UND es ist wichtig, sich gleichzeitig der eigenen Meinhaftigkeit gewahr zu werden und um sie zu ringen. Es geht nicht um ein »Entweder-oder«, es geht nicht um Abgrenzung oder Beziehung, sondern darum, entweder das Eigene zu spüren oder in die Begegnung zu gehen, es geht um ein großes UND.

Um dies nicht nur zu verstehen, sondern zu spüren, können Sie mit einer Kollegin, einem Kollegen oder einem anderen Partner oder einer Partnerin ein kleines Experiment durchführen:

- Nehmen Sie sich ein großes Blatt Papier und Stifte und setzen Sie sich jeweils gegenüber auf den Boden oder an einen Tisch.
- Legen Sie die Blätter vor sich hin, sodass sie zwischen Ihnen liegen.
- Schreiben Sie Ihren Namen (Nachname, Vorname, Spitzname, Kosename …) auf das Blatt, mit der linken Hand, wenn Sie Rechtshänder/in sind oder umgekehrt oder in einer Ihnen fremden Fantasie-Schrift.
- Nehmen Sie weitere Stifte und malen Sie aus dem Namenszug heraus ein »Ich bin Ich-Bild«: Das bin ich hier und jetzt in diesem Moment in diesem Raum in dieser Atmosphäre …
- Schauen Sie sich Ihr Bild noch einmal an und lassen Sie es einige Atemzüge auf sich wirken …
- Dann schauen Sie auf Ihr Gegenüber und auf dessen oder deren Bild. Blicken Sie abwechselnd auf die Person und auf das Bild. Lassen Sie es auf sich wirken.
- Malen Sie das, was Sie von Ihrem Gegenüber erspüren, und nehmen Sie das, was in Ihnen an Bildern, Gedanken, Gefühlen, Assoziationen entsteht, wenn Sie auf das Bild und die Person des Gegenübers schauen, »in sich hinein«, und dann malen Sie das in Ihr Bild hinein oder auf die Rückseite oder daneben auf ein anderes Blatt, ganz wie Sie wollen.

- Tauschen Sie sich mit Ihrem Partner/Ihrer Partnerin aus: Sie haben/du hast mich mit … bereichert. Sie haben/du hast mir das … geschenkt. Und ich höre, dass ich dich/Sie mit … bereichert, beschenkt habe.

Diese Erfahrung kann Ihnen zeigen und deutlich machen, dass Sie wirksam sind gegenüber einer anderen Person, ohne etwas dafür zu tun. Sie können etwas schenken, ohne zu leisten. Sie können etwas Kostbares geben, ohne dass es Sie etwas kostet. Und dadurch, dass Sie ein Geschenk annehmen, »geben« Sie der anderen Person etwas zurück. Im Raum der Zwischenleiblichkeit hat die Meinhaftigkeit Platz und ist notwendig, und es entsteht Beziehung.

3.5 Spürende Begegnungen

Sie werden sicherlich oft bemerkt haben, dass der Klang der Stimme manchmal mehr über die Befindlichkeit der Kinder und Jugendlichen, mit denen Sie arbeiten, aussagt als der Inhalt der Worte. Auch der Kontakt über die Augen kann oft mehr bewirken (oder verhindern) als das gesprochene Wort. Das Konzept der *Spürenden Begegnungen* greift solche Erfahrungen auf, vertieft sie theoretisch und praktisch und bietet ein Instrument der Begegnung, das besonders hilfreich ist, um Bindungsstörungen entgegenzuwirken.

Das Konzept der Spürenden Begegnungen arbeitet mit den fünf grundlegenden Interaktionen zwischen Menschen:

- schauen und gesehen werden
- tönen und gehört werden
- greifen und ergriffen werden
- drücken und gedrückt werden
- lehnen (statt abgelehnt werden)

Dies sind Interaktionen als motorisch-sinnliche Begegnungen, und es sind gleichzeitig Begegnungen, und Interaktionen des Erlebens.

Das Konzept der Spürenden Begegnungen beruht auf der Theorie der Primären Leibbewegungen (Baer, Frick-Baer)[15]. Mit Leib wird in der Tradition der phänomenologischen Philosophie der erlebende Mensch bezeichnet (Husserl, Merleau-Ponty, Waldenfels, Schmitz, Fuchs u. a.). Es geht beim Schauen und Gesehen-Werden also nicht um die körperlich-sensorischen Fähigkeiten eines Menschen, sondern um sein Erleben. Wenn ein Kind zum Beispiel von seiner Mutter übersehen wird oder einen beschämenden Blick seines Vaters spürt, dann bieten veränderte Sehstärken oder Brillen der Eltern dem Kind keinen Schutz. Das Kind braucht keine rein körper- oder sinnesbezogenen Interventionen, sondern eine andere Haltung, braucht Begegnungen mit anderen Erlebensqualitäten.

Eine Quelle der *Primären Leibbewegungen* ist die phänomenologische Therapieforschung, in der nachhaltig wirksame therapeutische Interaktionen untersucht und dabei die Primären Leibbewegungen herausgearbeitet wurden. Wichtige Grundlage ist die Säuglingsforschung (Stern, Dornes u. a.)[16]. Die genannten fünf Leibbewegungen sind die ersten Lebens- und Erlebensäußerungen von Säuglingen. Säuglinge lehnen sich in den Arm der Mutter oder anderer Betreuungspersonen. Sie schauen und beginnen die Begegnung mit der Mutter, dem Vater u. a. über die Augen. Sie drücken z. B. die Milchflasche an sich oder von sich weg. Sie drücken ihr Köpfchen beim Stillen an die Brust oder drücken sich mit dem ganzen Körper weg, etwa wenn sie die Arme der Er-

---

15 Baer, U. (2012): Kreative Leibtherapie, Das Lehrbuch. Berlin
Baer, U.; Frick-Baer, G. (2008): Leibbewegungen. Methoden und Modelle der Tanz- und Bewegungstherapie. Berlin

16 Dornes, Martin (1993): Der kompetente Säugling. Die präverbale Entwicklung des Menschen. Frankfurt a. M.
Dornes, Martin (1997): Die frühe Kindheit. Entwicklungspsychologie der ersten Lebensjahre. Frankfurt a. M.
Dornes, Martin (2000): Die emotionale Welt des Kindes. Frankfurt a. M.
Stern, Daniel (1992): Die Lebenserfahrung des Säuglings. Stuttgart

wachsenen als einengend erleben. Über die Kraft und Ausdrucksstärke ihrer Töne können Eltern so manches Lied singen. Säuglinge greifen schon in den ersten Tagen reflexartig nach einem hingestreckten Finger und nutzen später das Greifen, um sich in die Welt hinauszubewegen. Diese Leibbewegungen sind also auch und vor allem deshalb »primär«, weil in ihnen frühes Erleben zum Ausdruck kommt.

Betrachten wir sie genauer.

Schauen

Schon bei der Geburt ist die Augenmuskulatur nahezu vollständig entwickelt; Neugeborene nehmen die Augen der Mutter wahr, der Blick der Neugeborenen wird oft als »offen und unverstellt« beschrieben. Schon im Alter von acht Wochen beginnen Säuglinge von sich aus direkten Blickkontakt zur Mutter aufzunehmen, suchen den Blick. Im Alter von drei bis sechs Monaten ist die Interaktion zwischen Mutter und Kind vor allem eine visuelle, ein Tanz der Blicke. Das Kind kann in dieser Lebensphase »Bewegungen seiner Gliedmaßen sowie die Augen-Hand-Koordination erst geringfügig kontrollieren. Dagegen ist das visuell-motorische System schon nahezu ausgereift, und im Blickverhalten ist das Kind ein erstaunlich tüchtiger Interaktionspartner. Der Blickkontakt ist eine wichtige Form sozialer Kommunikation.«[17] In dieser Phase sollte dem Säugling die Kontrolle über den Beginn und das Ende des Blickkontaktes überlassen werden, da dies eine wichtige und notwendige Voraussetzung für die Entwicklung des Selbstempfindens des Säuglings ist.

Im späteren Leben zeigen sich im Dialog der Blicke alle Qualitäten des Erlebens. Blicke gehen ins Leere, Menschen werden übersehen. Blicke können verachten oder würdigen, beschämen oder ernst nehmen usw. Sie können aber auch wärmen und Liebe zeigen, anerkennen und würdigen.

---

17 Stern a. a. O., S. 39

Tönen

Säuglinge können sich von Geburt an lautstark bemerkbar machen. Ihr stimmliches Ausdrucksvermögen ist trotz fehlender verbaler Sprache äußerst differenziert und vielfältig. Es reicht vom leisen, fast unhörbaren Wimmern bis zum herzhaften Schreien. Wenn sie nicht gehört werden oder nur auf bestimmte – angenehme – Töne Reaktionen erfahren, können sie in depressiver Resignation verstummen oder versuchen, sich um jeden Preis aggressiv Gehör zu verschaffen.

Viele Kinder oder Erwachsene sind verstummt, sie sind entweder generell oder partiell sehr schweigsam, manche immer dann, wenn es um sie selbst geht. Viele Menschen können beruflich sehr lautstark sein und sich differenziert äußern, sind aber, wenn es um sie selbst, ihre Bedürfnisse, ihre Gefühle, ihr Privates oder ihr Intimes geht, unfähig, sich zu artikulieren.

Ein Mensch kann Worte sagen wie »Ich liebe dich« oder ein Liebeslied singen, und diese Töne haben mit seinem Erleben nichts zu tun. Das Erleben bleibt stumm. Der Unterschied wird deutlich, wenn wir es damit vergleichen, wie ein Baby seinen Hunger herausschreit, mit ganzem Körper und ganzer Seele. Säuglingsforscher haben gezeigt, dass Babys die Fähigkeit, etwas anderes zu äußern als sie fühlen, erst erlernen müssen.

Wenn das eigene Erleben keinen Ton findet, kann dies auch daran liegen, dass das persönliche Erklingen von anderen Geräuschen übertönt wird. Gehört zu werden, scheint besonders selbstverständlich zu sein, ist jedoch für viele Kinder und Jugendliche eine Frage von existenzieller Bedeutung. Wenn das eigene Tönen ins Leere ging oder geht, wenn die Klänge und Stimmen des Erlebens keine Resonanz fanden oder finden, ist dies eine schreckliche Erfahrung mit nachhaltigen Folgen.

Greifen

Greifen ist auch Be-greifen. Kinder begreifen die Welt. Kinder greifen nach der Mutter oder dem Vater, sie greifen nach Spielzeug, nach der

Flasche, nach der Brust, nach allem, was sie interessiert. Ist das, wonach sie greifen wollen, nicht vorhanden oder entzieht es sich, greifen sie ins Leere, machen Erfahrungen mit dem Nichts. Geschieht dies häufig, hören sie auf zu greifen. Sie halten ihre Greifimpulse zurück. Manche können dann die Arme gar nicht mehr bewusst heben oder ausstrecken. Sie empfinden ihre Hände als unlebendig, gelähmt oder zu schlaff, um mit ihnen nach etwas zu greifen. Oder sie greifen aggressiv, wollen es erzwingen.

Greifen ist folglich mehr als eine motorische Funktion. Greifen ist eine Leibbewegung. Der Säugling nimmt Kontakt mit dem Umfeld über den Blick, über sein Tönen, über den Rhythmus, über Hautberührung auf, doch ist er dabei noch von anderen Menschen, von ihrem Kommen und Gehen abhängig. Er selbst ist an den Ort gefesselt und auf Zuwendung angewiesen. In der Krabbelphase beginnt sich dies zu ändern. Der Säugling kann sich in die Welt hinausbewegen. Mag seine Welt anfangs noch so klein sein, beginnt doch eine neue Qualität des Kontaktes: die Qualität des Greifens und Begreifens. Etwas sehen, Interesse haben, greifen wollen, dorthin krabbeln, zugreifen – das ist ein durchgehend fließender Prozess, in dem die Kinder etwas über ihre Umwelt lernen, Objekt für Objekt, Griff für Griff.

Über das Greifen begreift das Kleinkind die Welt im doppelten Sinn: der Säugling begreift die Qualitäten der Gegenstände und Menschen, und er begreift gleichzeitig seine eigenen Fähigkeiten des Kontaktes. Er lernt Wirksamkeit.

Greifen Kinder und Erwachsene ins Leere oder werden sie gewaltsam ergriffen, hat das nachhaltige Folgen. Sie hören auf, zu be-greifen, oder werden selbst aggressiv, greifen an.

Drücken

Drücken beinhaltet wie jede Leibbewegung eine motorische Ebene und eine Ebene des Erlebens. Motorisch kann man etwas mit unterschiedlicher Intensität drücken, zart, weich wie eine sanfte Berührung, aber auch fest und kraftvoll. Die Richtung des Drückens kann sich nach innen, gegen den eigenen Körper, oder nach außen richten. Man kann etwas an sich herandrücken und etwas wegdrücken. Das Gegenteil des Wegdrückens ist das Ziehen. Das schnelle Wegdrücken wird zum Stoßen.

Wie bedeutend Drücken als grundlegende Bewegung des Erlebens ist, wird oft in der Begegnung mit Kindern oder Jugendlichen deutlich. Wenn wir fragen: »Wie geht es dir?«, antworten viele (oder zeigen es), dass sie sich unter Druck fühlen oder dass sie darunter leiden, dass andere Menschen Druck auf sie ausüben. Manche haben Angst, Forderungen zu stellen, weil sie »keinen Druck ausüben wollen«. Wieder andere stehen unter »Hochdruck«, ohne dass der Druck nach außen dringt und gegen andere gerichtet werden kann. Drücken wird von vielen als Wegdrücken erlebt. Druck wird oft mit Gewalt gleichgesetzt.

Auch beim Ziehen haben viele Kinder und Jugendliche negative Erfahrungen. An ihnen wird »herumgezerrt«. Sie werden »erzogen«, so zu werden, wie die Erwachsenen es wollen. Sie werden hin- und hergezerrt, z. B. zwischen Eltern, die sich bekämpfen, zwischen Eltern und Großeltern, zwischen leiblichen Elternteilen und Pflegefamilien, zwischen Gericht, Jugendamt und Eltern, zwischen Schule und anderen.

Wenn ein Säugling gehalten wird, drückt die Mutter oder eine andere Bezugsperson den Säugling an sich. Drücken und Gehaltenwerden gehören folglich zusammen. Viele Kinder und Jugendliche suchen Halt und Gehaltenwerden im Sinne von Geborgenheit und Sicherheit, andere erleben Gehaltenwerden als Beengung und Gewalt. Festgehalten werden und fest gehalten werden, ist nicht nur eine Unterscheidung der Schreibweise, sondern auch eine des Erlebens. Wie bei allen Leibbewegungen ist das Erleben auch des Drückens individuell, unterliegt unterschiedlichen Wahrnehmungen, Erlebnisweisen und Bewertungen.

Lehnen

In der gelassenen Intensität, mit der Säuglinge sich normalerweise anlehnen können, wie sie alle Muskelgruppen entspannen und lösen und sich z. B. in den Arm der Mutter schmiegen, können dies Erwachsene später kaum noch. Das Lehnen ist die früheste Form des Körperkontaktes, intim und innig. Vielen älteren Kindern ist diese primäre Leibbewegung verloren gegangen, vielen ist sie fremd, und gleichzeitig sehnen sie sich danach.

Was viele Kinder und Jugendliche mehr als das Anlehnen kennen, ist das Abgelehnt-Werden. Wer früh und andauernd abgelehnt wurde, kommt vielleicht zu der Überzeugung, nicht nur etwas falsch zu machen, sondern falsch zu sein. Wer sich an einem vertrauten Menschen anlehnen wollte und dabei ins Leere fiel, wird misstrauisch werden und sich vielleicht nie mehr trauen, sich an andere Menschen anzulehnen.

Was brauchen Kinder, damit sie sichere Bindungserfahrungen machen? Die Antworten der Säuglingsforschung sind eindeutig: Kinder brauchen im frühen Alter Begegnungen des Schauens, Tönens, Greifens, Drückens und Lehnens, die sie würdigen und einen spürenden Dialog ermöglichen. Unser Konzept der Spürenden Begegnungen greift dies auf und ermöglicht älteren Kindern, Jugendlichen und Erwachsenen mit Bindungsstörungen, neue Bindungserfahrungen zu machen. Dadurch können Bindungsstörungen gelindert und oft neue Fähigkeiten des Bindungsverhaltens entwickelt werden.

Wenn Sie Spürende Begegnungen fachkompetent in der praktischen Arbeit nutzen wollen, brauchen Sie ein theoretisches Verständnis über ihren Hintergrund, ihren Kontext und ihre Bedeutung, wie er hier skizziert wurde. Für den praktischen Einsatz müssen Sie sie »leibhaftig« erfahren und praktisch üben. Dann können Sie über die Spürenden Begegnungen ein tieferes Verständnis für verstörende und störende Symptome des Verhaltens von Kindern und Jugendlichen bekommen. Insbesondere werden Sie manche Verhaltensweisen nicht nur als pathologische »Störungen« klassifizieren, sondern auch als Versuche, die frühen Mangelerfahrungen durch Spürende Begegnungen zu kompensieren. Ein Pflegekind zum Beispiel hatte die Angewohnheit, bei Tisch alle Gegenstände, eigene wie fremde, anzufassen, bevor es beginnen konnte, etwas zu essen. Bestrafungen und Ermahnungen halfen nichts.

Das Verständnis, dass das Kind wahrscheinlich oft und lange ins Leere gegriffen hatte, führte zu einem Bewertungswechsel: Das Kind versuchte, durch das Greifen sich seiner Umwelt zu vergewissern. Durch das Angebot auch anderer Greif-Erfahrungen aus dem Repertoire der Spürenden Begegnungen wurde sein Gefühl der Wirksamkeit und Ver-Bindung gestärkt, sodass das Greifverhalten bei den Mahlzeiten allmählich seine Bedeutung verlor und schließlich verschwand.

Spürende Begegnungen bieten ein breites Repertoire an neuen Erfahrungen zur Förderung der Beziehungsfähigkeiten. Stellen Sie den Kindern und Jugendlichen vielfältige Begegnungsmöglichkeiten zur Verfügung. Spielen mit Blicken, z. B. indem Kinder Fächer bauen und ihre Augen im Tanz zeigen oder verstecken können. Spielen Sie mit Greifen, Drücken oder Ziehen. Eine Interaktionsmöglichkeit, die Umwege und Auswege offen lässt. Kinder, die beispielsweise schlimme Erfahrungen mit dem Tönen und Hören gemacht haben, können oft nicht als Erstes in diesem Feld der Spürenden Begegnungen neue Erfahrungen machen, da es zu angstbesetzt ist. Dann helfen Angebote zum Spiel über das Schauen oder Greifen. Wer gewalttätig ergriffen wurde, hält oft Berührungen nicht aus. Dann können Berührungen über Töne und Blicke Verbindungen herstellen. Die fünf Spürenden Begegnungen sind ein Gesamtrepertoire, das Begegnungen des Erlebens ermöglicht. Umwege sind oft Auswege, um Barrieren und Ängste zu vermeiden und Blockaden so zu umgehen, dass die Erfahrungen und Sehnsüchte der Kinder und Jugendlichen, mit denen wir arbeiten, gewürdigt werden.

Einige Anregungen, wie Sie hochbelasteten Kindern und Jugendlichen gezielt Erfahrungen mit Spürenden Begegnungen ermöglichen können:

- Unterhalten Sie sich mit einem Kind in Quatsch-Sprache. Die Worte haben keine Bedeutung, aber der Tonfall. Beschreiben Sie in Quassel- oder Quatschsprache Ihre Lieblingsgerichte oder erzählen Sie Geschichten. Machen Sie sich Komplimente.

- Spielen Sie Verstecken. Wenn Kinder sich verstecken, wollen sie gesucht werden, wünschen sie, gesehen zu werden.
- Bauen Sie mit Kindern und Jugendlichen Burgen und andere Befestigungen. Aus Tüchern, Kissen, Pappkartons und anderem mehr. Die Kinder fühlen sich geschützt und können selbst entscheiden, ob sie gesehen und vielleicht ergriffen werden wollen.
- Greifen und drücken Sie in jeder Weise mit Kindern: spielen Sie Armdrücken, drücken und ziehen Sie sie durch den Raum, spielen sie Kitzel-Fangen … Fragen Sie die Kinder, welche Greifspiele sie mögen.
- Zerknüllen Sie Zeitungspapier. Werfen Sie mit Schneebällen aus Zeitungspapier, begleitet von Stimme und mit Augenkontakt …
- Lehnen Sie sich an ein Sofa oder Ähnliches: Ich bin ein müder Esel, du auch?
- Spielen Sie: Ich bin ein Sofa …

Das sind nur Anregungen. Sie und die Kinder werden viele eigene Ideen haben.

Spürende Begegnungen können in besonderen spielerischen Aktionen eingesetzt werden, wirken aber genauso intensiv im Alltag. Wenn Sie herausfinden, worüber ein hochbelastetes Kind erreichbar ist, können Sie dies nutzen.

Ein Beispiel:

> In einer Gruppe war der neunjährige G. als »Asi« bekannt. Er konnte nicht mit anderen spielen, sich nicht an gemeinsamen Aktionen beteiligen. Er war mit seinem desorganisierten Bindungsverhalten nicht »gruppenfähig«. Das Einzige, was er wollte, war zu kämpfen. Der Gruppenleiter fand über spielerische Aktionen des Greifens heraus, dass es G. half, wenn er und der Gruppenleiter zu Beginn jedes Treffens Armdrücken machten. Das war ein Schritt der Verbindung, der es G. ermöglichte, wenigstens zeitweise an den Gruppenaktivitäten teilzunehmen.

Manchmal zeigen uns die Kinder auch, was sie an Spürenden Begegnungen brauchen:

Die vierjährige D., ein traumatisiertes Kind, das mit seinen Eltern aus dem Irak geflüchtet war, hatte eine Lieblings-Erzieherin. Wenn D. mal wieder sehr unsicher wurde und durcheinander war und nicht mehr wusste, was sie wollte und was sie mit wem tun wollte, ging sie zur Erzieherin, setzte sich auf ihren Schoß, ergriff mit beiden Händen ihr Gesicht und zog das Gesicht der Erzieherin in eine solche Position, dass diese D. in die Augen schauen musste. Dann schaute D. ihr 10 oder 15 Sekunden tief in die Augen – und dann ging es ihr besser und sie konnte spielen. Der Blickkontakt verhalf ihr zu Sicherheit.

Die Spürenden Begegnungen verschaffen weder schnell noch immer ein sicheres Bindungsverhalten. Doch sie tragen dazu bei. Ein sicheres Bindungsverhalten entsteht über viele kleine Begegnungen. Bindung erwächst aus Verbindungen. Und dabei sind die Verbindungen über Spürende Begegnungen von entscheidender Bedeutung.

3.6 Triangel und andere Zwischenschritte

Manchmal sind Kinder mit Bindungsstörungen so in ihrer Fähigkeit, mit Ihnen zu kommunizieren, eingeschränkt, dass eine direkte Begegnung kaum oder nicht möglich ist. Sie halten keinen Blickkontakt aus. Sie hören nicht. Sie reden nicht. Sie entziehen sich den Begegnungen im Raum der Zwischenleiblichkeit.

Dann ist der Weg der Triangel hilfreich. Triangel bedeutet, dass Sie und ein hochbelastetes Kind oder Jugendlicher gemeinsam etwas tun. Sie sind A, das Kind ist B, und beide wenden sich C zu. Zum Beispiel:

- S. und eine Betreuerin sind zuständig für die Pflege eines Pferdes. Sie bürsten das Fell, jeder an einer Seite. Zunächst schweigend. Irgendwann beginnt das Kind zu erzählen …
- O. spielt leidenschaftlich gerne Lego. Wenn der Betreuer mitspielt, schaffen sie gemeinsam neue Fahrzeuge und Gebäudewelten. Das Kind beginnt dabei zu reden. Erst erklärt es, wie die Legosteine »richtig« zusammengesetzt werden müssen. Dann erzählt es auch über anderes … Der Betreuer berichtet, wie er als Kind gerne mit Lego gespielt hat und was er am liebsten baute.
- A. und die Erzieherin in der Jugendgruppe sitzen gemeinsam auf der Couch und schauen sich eine Serie an. Das machen sie gerne. Das entspannt sie und sie kommentieren die Figuren der Serie. Irgendwann beginnt A. zu erzählen, dass eine Serienfigur ihrer großen Schwester ähnelt …

Wenn zwei Menschen sich gemeinsam einem dritten Gegenstand zuwenden, egal ob in der Gartenarbeit, im Spiel, in der Pferdepflege oder bei anderen Tätigkeiten, dann ändert sich oft auch die Beziehung zwischen A und B. Durch die gemeinsame Orientierung auf das Dritte verändert sich die Triangel, wird Vertrauen geschaffen und ist oft eine Begegnung möglich, die direkt unmittelbar von Angesicht zu Angesicht zu schwierig gewesen wäre. Deswegen ist meine Empfehlung, insbesondere mit hochbelasteten Kindern und Jugendlichen: Nutzen Sie gezielt die Triangel.

Manchmal sind hochbelastete Kinder und Jugendliche so verstört, dass sie gar nicht in der Lage sind, mit Menschen in Kontakt zu gehen. Selbst Triangel-Begegnungen gelingen dann nur selten. Hier können Frottagen ein erster Schritt ein, sich der Welt zuzuwenden, ein Zwischenschritt, bevor Begegnungen mit Menschen möglich werden.

Sie haben sicherlich als Kind einmal ein Blatt Papier auf eine Münze gelegt und sind mit einem weichen Bleistift so darübergestrichen, dass sich die Konturen der Münze abzeichneten. Das sind Frottagen. Wir zeigen Kindern und Jugendlichen, wie solche Frottagen technisch gehen, und schicken sie dann in die Umgebung: in den Raum, in den Flur und nach draußen. Sie dürfen und sollen alle möglichen Objekte mit einem Bleistift oder auch farbigen Stiften auf Papier frottieren: den Fußboden, den Tisch, die Tapete, die Baumrinde usw. Sie können so viel Papier verwenden, wie sie wollen.

Fast alle Kinder haben große Freude dabei, so die Welt zu erkunden. Es ist ungefährlicher als der direkte Kontakt, keine Berührung, keine Blickbegegnungen. Sie ziehen los und gehen auf Entdeckungsreise.

In einem zweiten Schritt können sie dann ihre Ergebnisse zeigen und vergleichen. Sie können auch anregen, die einzelnen Frottage-Bildchen auszuschneiden und daraus eine Bild-Collage zu kleben.

3.7 Wie geht Trösten?

Alle Kinder brauchen Trost, große wie kleine, ob sie es zeigen oder nicht – auch und gerade hochbelastete Kinder und Jugendliche. Fast alle von ihnen haben keinen oder zu wenig Trost erfahren. Getröstet zu werden, ist für sie eine Fremdsprache. Umso wichtiger ist es, wenn Sie ihnen Trost anbieten. Anfangs wird Ihr Angebot vielleicht barsch zurückgewiesen werden. Doch Sie können sicher sein, dass es registriert wird und das Kind sich darüber freut – auch wenn es die Freude nicht zeigen kann.

Oft reicht es zunächst, den Kummer auszusprechen und anzusprechen: »Das ist bestimmt schlimm und traurig.« Hilfreich ist es, über das eigene Bedürfnis zu erzählen, getröstet zu werden, wenn es Ihnen schlecht geht. In einem weiteren Schritt können Sie dann, je nach Befinden und Alter des Kindes, ein tätiges Trösten anbieten.

Über Worte und eine Umarmung hinaus gibt es zahlreiche Arten zu trösten. Um diese zu kennen, brauchen Sie kein Seminar besuchen, Sie waren selbst Kind und haben Erfahrungen. Fragen Sie sich:

- Wie sind Sie als Kind getröstet worden?
- Wie werden Sie als Erwachsene/r getröstet?
- Welche Art von Trost vermissen Sie?
- Wie wären Sie gerne getröstet worden oder würden heute gern getröstet?

Und fragen Sie die Kinder oder Jugendlichen, ob und wie sie gern getröstet werden wollen.

4 Der vierte Weg: Tridentität – Nähren, Spiegeln, Gegenüber-Sein

4.1 Das Tridentitätskonzept

Die Identität eines Menschen beschreibt das, was für ihn unverwechselbar ist. Ganz gleich, ob Y. in ihrem ursprünglichen Heimatland Türkei oder in Deutschland lebt, sie ist die gleiche Person und kann von anderen Menschen »identifiziert« werden. Auch wenn sie älter wird und sich Größe, Gewicht, Frisur, Kleidung verändern, wenn viele Zellen abgestorben und neue entstanden sind, bleibt Y. der gleiche Mensch und erlebt sich als eine Einheit, als eine Identität in ihrem Lebenskontinuum.

Die Identität eines Menschen entwickelt sich ständig. Sie verändert sich insbesondere durch Erfahrungen mit sich und mit anderen Menschen. Dieser Prozess beruht nicht nur auf sogenannten »internen« Faktoren[18], sondern geschieht in ständiger Wechselwirkung mit anderen Menschen, mit der Gesellschaft, mit der ökologischen Umwelt.

Identitätsbildung kann gefördert oder behindert werden. Wenn Kinder und Jugendliche mehrfach Belastungen erlebt haben, dann beeinträchtigt das deren Identitätsentwicklung, kann sie hemmen, verunsichern und prägen. Wenn diese Kinder von anderen als Objekt behandelt werden, dann erfahren sie damit: Du bist es nicht wert, dass man dich respektiert. Wenn sie beschämt werden, wenn sie ins Leere gehen und erniedrigt werden, dann erleben sie: Du bist es nicht wert, dass man dich achtet. Eine Identitätsentwicklung braucht Würdigung und Achtung, braucht Respekt vor und in den Beziehungen zu ande-

---

18 Frankfurt, H. (1988): The Importance of What We Care About. Cambridge
Ekstrom, L. H. (1993): A Coherence Theory of Autonomy. In: Philosophy and Phenomenological Research 53

ren Menschen. Gibt es keine solchen, sondern nur gegenteilige Erfahrungen, dann wird die Identitätsentwicklung gestört, manchmal sogar zerstört.

Was diese Kinder und Jugendlichen brauchen, sind neue identitätsbildende Erfahrungen. Doch was sind solche Erfahrungen?

Gestützt auf Identitätskonzepte von Mead, Keupp und Henning[19] und meine eigenen Erfahrungen, habe ich gemeinsam mit meiner Frau Gabriele Frick-Baer für die Kreative Leibtherapie und die Beziehungspädagogik das *Tridentitätskonzept* entwickelt. Tridentität setzt sich aus Tri (= drei) und Identität zusammen. Es beinhaltet, dass es drei wesentliche Interaktionen zwischen Menschen gibt, die identitätsfördernd bzw. identitätsschädigend sind. Dieses Modell ist nützlich, um die Störungen hochbelasteter Kinder in ihrer Identitätsentwicklung zu verstehen und um Interaktionen zu entwickeln, die deren Identitätsbildung fördern.

4.2 Das Nähren

Kinder und Jugendliche brauchen Nahrung. Nicht nur stoffliche Nahrung, sondern auch andere, weit darüber hinausgehende. Sie brauchen die Blicke und Klänge der anderen. Es nährt sie, wenn sie geliebt werden, wenn sie die Gefühle anderer Menschen wahrnehmen und teilen können. Es nährt sie, wenn sie wohlwollend berührt und gehalten werden. Wenn sie älter werden, dann brauchen sie auch Wissen, Gedanken, Farben, Kultur und Musik.

Viele Kinder, die hochbelastet sind, sind unterernährt. In wichti-

19 Henning, T. (2003): Personale Identität und personale Identitäten – ein Problemfeld der Philosophie. In: Petzold, H. G. (2012): Identität. Ein Kernthema moderner Psychotherapie – Interdisziplinäre Perspektive. Wiesbaden
Keupp, H. et al. (2002): Identitätskonstruktionen. Das Patchwork der Identitäten in der Spätmoderne. Reinbek
Mead, G. H. (1934/1977): Geist, Identität und Gesellschaft. Frankfurt a. M.

gen Bereichen über längere Zeit ungenährt zu bleiben, kann sie verdummen lassen, kann sie aber auch zu intellektuellen Höchstleistungen anregen, um das, was ihnen fehlt, zu kompensieren. Sehr häufig begegnen wir bei hochbelasteten Kindern dem Mangel an Erfahrungen mit herzlichen und zarten Berührungen sowie wohlwollenden Blicken und Klängen.

Wenn Kinder über einen längeren Zeitraum unterernährt sind, dann ist das eine Belastung. Dann reagieren sie darauf, indem sie hungrig werden. Sie sehnen sich nach der Nahrung, die ihnen fehlt. Manche versuchen, sie durch besondere Anpassung und Unterwürfigkeit zu erreichen. Wieder andere werden aggressiv und fordern sie in einer für andere kaum verständlichen Weise ein. Manchmal schwanken auch beide Erscheinungsformen. Sehr häufig begegnen wir auch Kindern und Jugendlichen, die resigniert sind, die sich im Mangel eingerichtet und eingelebt haben. Er ist für sie zur Selbstverständlichkeit geworden.

Wenn wir Menschen genährt werden, um unsere Identität zu entwickeln, brauchen wir eine Nahrung, die angeboten wird, als Option, als Wahlmöglichkeit, die wir annehmen oder ablehnen können. Besonders identitätsfördernd ist es, wenn wir von verschiedenen Menschen unterschiedliche Nahrungselemente angeboten bekommen, aus denen wir wählen können. Manche der Kinder mit hohen Belastungen sind zwangsernährt worden. Sie werden vollgestopft mit Schulwissen und müssen extrem hohe Leistungen bringen, aber emotionale Nahrung – nein, die gibt es nicht. Oder es gibt sie nur als Belohnung für das Erbringen von Leistungen oder für braves Verhalten.

Solche Zwangsernährung führt oft zu Essstörungen. Sie ruft einen Brechreiz hervor, einen Ekel, der sich ganz auf stoffliche Nahrungsaufnahme erstrecken kann.

S. ist ein kurdisches Mädchen, das seit 18 Monaten in Deutschland lebt. Sie kann schon relativ gut Deutsch, doch oft verstummt sie. Sie ist hungrig nach Zuneigung und Zuwendung. Im Kindergarten, den sie besucht, nähert sie sich ständig maß- und grenzenlos anderen

Kindern und vor allem den Erzieher/innen. Wenn diese sich ihr zuwenden, stößt sie sie weg, schlägt sie sogar manchmal.
S. ist hochbelastet und traumatisiert. Sie hat Gewalt erfahren – eine Verhaltenssprache, in der sie sich ausdrücken kann – und ist, was Nähe, Liebe, Zuwendung betrifft, unterernährt. Das erklärt ihre Sehnsucht und ihre Bemühungen gegenüber den Kindern und Erzieher/innen. Gleichzeitig hat sie kein Maß für Zuwendung, Nähe, Berührung und dergleichen mehr, für die Nahrung, die sie braucht. Und sie ist misstrauisch. Aufgrund sexueller Gewalterfahrungen hat sie erlebt, dass die Zuwendung oft mit den Bedingungen sexueller Gewalt verknüpft ist. Sie weiß nicht, ob sich andere Menschen ihr »einfach so« zuwenden oder ob sie damit etwas bezwecken. Deswegen ihr Hin und Her, ihre Sehnsucht, ihre Ablehnung, wenn die Sehnsucht »droht«, erfüllt zu werden.
Die anderen Kinder mögen dieses Verhalten nicht und lehnen S. ab. Die Erzieher/innen sind geduldiger. Besonders eine Erzieherin versucht es immer wieder und redet über das Misstrauen und die Unsicherheit von S. Sie macht sehr klar, dass sie ihre Zuwendung S. gegenüber »einfach so« verschenken möchte. Nach einigen Monaten trägt dies Früchte. S. findet immer mehr Vertrauen zu dieser Erzieherin und kann Nahrung annehmen.

Wenn hochbelastete Kinder und Jugendliche sich maßlos und misstrauisch verhalten, dann ist es notwendig, geduldig zu bleiben und gleichzeitig immer die eigenen Absichten zu erklären, wenn man sich diesen Kindern nährend zuwendet. Es geht immer wieder um Klarheit und Transparenz der Absichten. Die Kinder müssen lernen, dass Nahrung kein Tauschgeschäft ist, sondern dass es darum geht, den Kindern etwas zu schenken. Auf dieses Geschenk haben sie ein Recht. Trotzdem ist und bleibt es ein Geschenk.

Manche Kinder sind oft in anderer Weise maßlos, was ihr Streben nach Nahrung aller Art betrifft. Sie nehmen, nehmen und nehmen, fordern noch mehr ein – bis schließlich bei denen, die geben und begleiten, ein massiver Frust auftritt. Der Hintergrund ist, dass diese Kinder dann oft schon ihren eigenen Kern verloren haben. Sie können das, was sie geschenkt bekommen, was ihnen als Nahrung dargeboten wird, nicht integrieren. Wenn dies der Fall ist, hilft es nicht, noch mehr oder anders zu nähren. Dann steht die Aufgabe an, mit diesen Kindern am inneren Kern zu arbeiten (siehe Kapitel 5). Ein Anzeichen dafür, dass der innere Kern des Kindes beschädigt ist und dass Nähren zu einem Fass ohne Boden wird, ist, dass das nährende Verhalten für die elterlichen, pädagogischen oder sozialpädagogischen Begleitpersonen sehr anstrengend wird. Dieses Anzeichen sollte sehr ernst genommen werden, um das Verhältnis zu dem Kind zu überdenken.

Noch ein Hinweis: Manche hochbelasteten Kinder kommen aus materiell begüterten Familien. Sie haben oft erfahren, dass ihnen statt emotionaler Zuwendung oder anderer emotionaler Nahrung Materielles angeboten wurde: »Ich habe jetzt keine Zeit. Hier hast du 50 €. Kaufe dir ein neues Spiel für die Playstation.« Oder: »Hier hast du was für schicke Schuhe!« Insbesondere für diese Kinder, aber auch für andere, die unterernährt oder fehlernährt sind, gilt besonders, dass es nicht so sehr auf materielle Nahrung ankommt, sondern vor allem auf gemeinsames Tun. Mit dem Kind Kicker zu spielen oder eine Fahrradtour zu unternehmen, ein Kartenspiel zu starten, gemeinsam Holz zu hacken oder gemeinsam bowlen zu gehen, das ist Nahrung. Das ist gleichzeitig ein Bereich, innerhalb dessen nährende Blicke erfahren und Gefühle geteilt werden können.

4.3 Das Spiegeln

Wir Menschen brauchen Spiegel, um uns zu sehen. Nicht nur den Spiegel im Badezimmer, sondern andere Menschen, die uns mitteilen und zeigen, wie sie uns sehen. Wir brauchen Feedback, sonst verkümmern wir und werden immer unsicherer. Das Spiegeln ist neben dem Nähren das zweite zentrale Element der Identitätsentwicklung.

Spiegeln bedeutet, einem Kind zu sagen: »Ich sehe, dass du traurig bist. Kann das sein?« Bei solchen Spiegelungen können wir nie sicher sein, ob unsere Wahrnehmung stimmt. Doch wenn wir deshalb unsere eigene Wahrnehmung zurückhalten und mit dem Kind in keinen spiegelnden Kontakt gehen, bleibt das Kind mit dem, was es gerade spürt, zum Beispiel seiner Traurigkeit, allein.

Spiegeln muss nicht unbedingt beinhalten, dass nur Positives zurückgemeldet wird wie zum Beispiel: »Du hast jetzt schon über eine Stunde an deinen Hausaufgaben fleißig gearbeitet. Das finde ich gut.« Spiegeln bedeutet auch, einfach nur festzustellen: »Deine Hausaufgaben sind noch nicht fertig.« Und dann kann sich eine Frage anschließen: »Wann willst du sie machen?« Oder: »Möchtest du erst eine Pause machen?« Hochbelastete Kinder und Jugendliche haben oft zu wenig Spiegelung erfahren. Dies ist das am meisten unterschätzte Element der Tridentität, das in der Begleitung hochbelasteter Kinder und Jugendlicher zu häufig vernachlässigt wird. Wenn Kinder nicht gesehen werden, dann wissen sie oft nicht, wer sie sind. Eine Klientin erzählte in einer Therapiestunde über ihre Kindheit: »Meine Mutter hat mich nie angeschaut, außer wenn ich böse war. Ich weiß gar nicht, wie das ist, angeschaut zu werden. Wenn Sie mich jetzt anschauen, dann denke ich sofort, ich habe etwas falsch gemacht, und gucke weg. Ich habe selbst auch Probleme, anderen Menschen in die Augen zu schauen. Das ist irgendwie ganz fremd und neu für mich, wie eine Fremdsprache.«[20]

Diese Klientin litt unter einem generellen Spiegel-Mangel und hatte gleichzeitig ein partielles fragmentiertes Spiegeln erfahren. Fehler wurden beachtet und gespiegelt. Alles andere nicht. Andere Kinder werden nur unter dem Filter der Leistung und Leistungsbereitschaft betrachtet. Am häufigsten erfahren wir, dass nur Fehler gespiegelt werden. Wenn Kinder und Jugendliche das Gefühl haben und die Erfahrung machen und hören, dass sie ständig etwas falsch machen, dann entsteht irgendwann die Grundüberzeugung: »Ich bin falsch!« Und: »Ich bin es nicht

20 Zitiert nach Baer, 2012, S. 214

wert, dass man mich sieht.« Dies hat auf Dauer Auswirkungen auf das Selbstverständnis und damit die Identität des Kindes oder des Jugendlichen.

Andere Kinder und Jugendliche sind einem Zerrspiegel ausgesetzt. Es wurde nicht gesehen, wie sie sind, sondern sie wurden und werden nur unter dem Gesichtspunkt betrachtet, wie sie sein sollten.

Ein zwölfjähriges Mädchen erzählt zum Beispiel:

> »Meine Eltern wollten immer einen Jungen als Kind haben. Mein Vater war gleich nach meiner Geburt weg, aber meine Mutter hielt daran fest. Sie hätte lieber einen Jungen gehabt. Sie schimpfte immer: ›Mädchen sind schwach‹ und zerbrechlich, und mir wurde immer vorgeworfen, ich wäre zu empfindlich. Mir wurde nichts zugetraut. Ich durfte nicht nach draußen, wenn es regnete. Überhaupt war ich immer die Schwache, die Kaputte. Aber dann, wenn etwas wirklich Schlimmes passiert war, wenn ich traurig war, dann hieß es, ich sollte mich nicht so anstellen.«

Wenn Kinder und Jugendliche dem Mangel und solchen Verletzungen des Gespiegelt-Werdens über lange Zeit ausgesetzt waren, dann erwarten sie oft gar kein Spiegeln mehr. Dann ist das, wie die Frau sagte, von der ich sprach, wie eine Fremdsprache. Viele Kinder und Jugendliche können zum Beispiel ihre Bedürftigkeit nicht zeigen, weil diese nie gesehen und ernst genommen wurde. Also sollten wir Begleitpersonen für hochbelastete Kinder und Jugendliche jede Gelegenheit nutzen, die Kinder zu spiegeln, ihnen mitzuteilen, was wir in ihnen sehen, was wir bemerken, was uns auffällt, und auch gerne, was das in uns hervorruft. Dies darf natürlich nicht zur Masche werden. Wenn ein Kind zum dritten Mal hintereinander hört: »Ich spüre, ich vermute, dass es dir nicht gut geht«, dann wird es wahrscheinlich genervt oder aggressiv reagieren. Spiegeln muss immer *konkret* sein, und es darf widersprüchlich sein: Einem Kind, das sich bemüht und dem etwas nicht gelingt, sollten wir sagen: »Ich sehe, dass du dich bemühst und dass es noch nicht klappt ...« Gerade Kinder mit Hochbelastungen sind sehr widersprüchlich und brauchen deswegen auch Spiegelungen, die dieser Widersprüchlichkeit Rechnung tragen.

Besonders wichtig ist es dabei, Emotionen zu spiegeln, weil die emotionalen Spiegelungen bei vielen dieser Kinder über lange Zeit zu kurz gekommen sind. Wir können das emotionale Spiegeln gut mit einer Frage verbinden, zum Beispiel: »Ich bekomme mit, dass du Stress hast. Kann das sein? Wie ist das für dich?« Ein solches Spiegeln gibt den Kindern die Möglichkeit, etwas über sich mitzuteilen. Sie fühlen sich gesehen und ernst genommen.

4.4 Das Gegenüber-Sein

Menschen brauchen andere Menschen für ihre Identitätsentwicklung, die für sie die Bedeutung eines Gegenübers haben, mit denen sie sich streiten, sich reiben können, die anders sind und von denen das Anders-Sein respektiert wird.

»Ein Gegenüber in diesem Sinne ist mir jemand, der anders ist als ich und mir mit offenen Ohren zuhört. Gegenüber ist jemand, für den nicht alles positiv oder negativ ist, was ich sage oder tue, sondern der differenziert, der mir seine ehrliche Meinung sagt. Gegenüber sind für mich Menschen mit eigenen Maßstäben und Werten, an denen ich mich auch reiben kann. Gegenüber sind auch Menschen, die andere Gefühle haben als ich und die mir mein Gefühl lassen können, wenn sie ein anderes haben. Gegenüber sind für mich Persönlichkeiten mit Ecken und Kanten, Gegenüber sind Menschen, die Grenzen setzen und dabei meine Grenzen respektieren. Wohlwollender Respekt ist auch die Voraussetzung, damit die anderen als Gegenüber die Identitätsentwicklung unterstützen und ihr nicht schaden.«[21]

Kinder mit hohen Belastungen haben häufig negative Erfahrungen

21 Baer, U. (2012): Kreative Leibtherapie. Das Lehrbuch. Berlin. Seite 2011/12

mit einem Gegenüber erleben müssen. Am häufigsten begegnen wir dem gewalttätigen oder erpresserischen Gegenüber. All die Monster der Entwürdigung und insbesondere die Gewalt führen zur Erfahrung, dass andere Menschen ihnen nicht als wohlwollendes Gegenüber entgegentreten, sondern als eines, das sie erniedrigt und ihnen Gewalt antut. Andere haben zu wenig Gegenüber erfahren. Vielleicht sind die Eltern psychisch krank oder suchtkrank. Vielleicht haben sie aus anderen Gründen die Kinder verwahrlosen lassen und allein gelassen.

Die Kinder und Jugendlichen kennen kein Gegenüber, das sich mit ihnen reibt und respektvoll streitet. Sie sind ins Leere gegangen.

Ein Kind erzählte:

> »Meinen Eltern war ich egal. Ob ich eine gute oder schlechte Note nach Hause gebracht habe, es war egal. Ob ich etwas gegessen habe oder nicht, es war egal. Ob ich abends nach 22.00 Uhr nach Hause kam oder länger unterwegs war, es war egal. Sie waren immer mit anderem beschäftigt und haben mich irgendwie nur so am Rande wahrgenommen.«

Wenn Menschen sich nicht mit anderen reiben können, dann können sich auch keine eigene Haltung, keinen eigenen Standpunkt, kein eigenständiges Denken und keine Werte entwickeln und schärfen. Damit fehlt eine wichtige Komponente der Identitätsentwicklung. Wenn ich mit einem anderen Menschen kraftvoll drücke, dann spüre ich die Kraft sowohl des anderen als auch die eigene. Wer ins Leere geht und kein Gegenüber hat, kann die eigene Kraft nicht spüren und auch nicht das Maß der eigenen Kraft. Er kann sich nicht als der starke Mensch erfahren, der er ist.

Auch das Anders-Sein ist wesentlicher Inhalt der Gegenüber-Erfahrungen.

Ein Mädchen sagte:

»Wenn meine Mutter niedergeschlagen war, musste ich auch niedergeschlagen sein. Ich durfte dann nicht lachen. Ich musste ganz still sein und mich zurückziehen. Wenn sie gut drauf war, vielleicht weil sie getrunken hatte, dann musste ich auch gut drauf sein. Am besten mit ihr feiern oder wenigstens so tun als ob.«

Kinder und Jugendliche haben das Recht auf eigene Gefühle. Wenn andere Menschen andere Gefühle haben, dann ist es notwendig, dass beide nebeneinander existieren dürfen. So wird das eigene Gefühlsleben nicht unterdrückt oder erpresserisch auf andere hin geformt.

Was brauchen die Kinder mit negativen Gegenüber-Erfahrungen? Sie brauchen neue Gegenüber-Erfahrungen, positive, würdigende. Sie brauchen die Erfahrung, wie Respekt vor den anderen, vor deren Gefühlen und Verhaltensweisen gelebt werden kann. Sie brauchen wohlwollende Reibung. Sie brauchen Erfahrungen konstruktiven und nicht zerstörerischen Streitens. All dies können viele dieser Kinder nicht, weil sie es nicht anders erfahren haben. Auch neue Erfahrungen mit dem Gegenüber-Sein sind für viele wie eine Fremdsprache, die sie neu lernen müssen. Sie überschreiten Grenzen. Sie handeln manchmal gewalttätig nach den Vorbildern, die sie erfahren haben, oder sie lassen andere ins Leere gehen. Das tut uns Begleitpersonen oft weh. Das frustriert und verletzt. Und doch ist es wichtig und notwendig, immer wieder Erfahrungen konstruktiven Streitens und respektierenden Anders-Seins anzubieten. Oft hilft es, das auch so zu benennen: »Ich streite mit dir. Aber anders, als du es kennst. Und das probieren wir jetzt mal.«

4.5 Tridentitäts-Diagnostik

Sich Einsichten über die Tridentitäts-Erfahrungen eines Kindes zu verschaffen und darüber klar zu werden, welche neuen Erfahrungen das Kind benötigt, können Sie sicherlich mit sich allein. Es ist aber besonders hilfreich und fruchtbar, wenn Sie es gemeinsam mit anderen Kollegen und Kolleginnen angehen.

Mein Vorschlag: Setzen Sie sich im Team oder zu zweit zusammen und beschäftigen Sie sich mit den Tridentitätsaspekten eines hochbelasteten Kindes oder Jugendlichen. Legen Sie Papier und Stifte bereit und tragen Sie jeweils ein, was Ihnen zu den folgenden Fragen einfällt:

- Welche positiven Nahrungserfahrungen hat das Kind?
- Welche negativen Nahrungserfahrungen hat das Kind?
- Welches Nähren braucht es?

  Auf das nächste Blatt:
- Welche positiven Spiegelungserfahrungen hat das Kind?
- Welche negativen Spiegelungserfahrungen hat das Kind?
- Welche Spiegel braucht das Kind?

  Auf das nächste Blatt:
- Welche positiven Gegenüber-Erfahrungen hat das Kind?
- Welche negativen Gegenüber-Erfahrungen hat das Kind?
- Welches Gegenüber braucht das Kind?

Wenn Sie manche Fragen nicht beantworten können, dann notieren Sie auch dies und nehmen Sie sich vor, das Kind dementsprechend zu beachten und beobachten.

Legen Sie nun die drei Blätter nebeneinander und widmen Sie sich dem, was Sie festgehalten haben.

Wo ist es am dringlichsten, anzusetzen? Was können wir, was kann ich am ehesten tun?

In der Tridentitätsbesprechung über P. in der Schule wurde deutlich, dass P. in vieler Hinsicht unterernährt ist (emotional, Berührungen und mehr) und dass er wahrscheinlich gewalttätige Gegenüber-Erfahrungen hat. Über Letzteres gibt es wenig Kenntnisse, da soll bei der Mutter vorsichtig nachgefragt werden. Wenn P. von Lehrer/innen positive Nahrungs- und Gegenüber-Angebote erhält, wirkt er oft verunsichert, ängstlich, misstrauisch, als ob er sich fragen würde:

»Gilt das wirklich mir?« Die Lehrer/innen vermuten, dass dies auch auf massiven Spiegel-Mangel zurückzuführen ist. Er weiß nicht, wer und wie er ist. Sie verabreden deshalb, ihm eine Zeit lang kontinuierlich Spiegelungen anzubieten, jede/r Einzelne auf seine und ihre Art. Nach zwei Monaten stellen sie in einem weiteren Gespräch über P. fest: Es wirkt. P. wird zunehmend sicherer. Über die Spiegelungserfahrungen kann er auch mehr Nährendes annehmen, die neuen Beziehungserfahrungen lassen ihn wachsen …

	positive Erfahrungen	negative Erfahrungen	Was braucht es?
NÄHREN			
SPIEGELN			
GEGENÜBER			

5 Der fünfte Weg: Ich-Aufbau

5.1 Bedeutungsräume

Dass das Ich vieler hochbelasteter Kinder und Jugendlicher nicht nur geschädigt, sondern durch massiv entwürdigende Erfahrungen bei vielen so verletzt wurde, dass von einem halbwegs intakten Ich kaum noch die Rede sein kann, ist, so hoffe ich, in den vorherigen Kapiteln deutlich geworden. Der Weg des Ich-Aufbaus meint alle Versuche, diese Kinder und damit ihr Selbstwertgefühl, ihr Selbstbewusstsein, ihre Entscheidungsfähigkeiten, ihre Identität usw. zu entwickeln und zu stärken. Dabei kann es meist nicht um bloße »Reparaturen« gehen, so wie ein Spalt in der Wand gefüllt und gespachtelt wird. Sondern es geht darum, einerseits die Verletzungen ernst zu nehmen und zu würdigen und andererseits den Kindern neue Erfahrungen zu ermöglichen, die ihr Ich und ihre Ich-Entwicklung unterstützen und fördern. Ein Zurück, wie es einmal hätte sein sollen, oder ein Dahin, wie es einmal sein sollte oder »richtig« hätte werden sollen, gibt es nicht. Die Verletzungen des Ichs sind Bestandteil der Identität dieser Kinder und Jugendlichen, UND eine Entwicklung und Stärkung des Ichs sind möglich.

Eine solche Ich-Stärkung geht weit über die Entwicklung eines positiven Denkens oder die Entwicklung eines positiven Bilds vom eigenen Ich hinaus. Das Denken ist ein Aspekt, der wichtig ist. Doch zumeist folgt das Denken den Erfahrungen. Wenn ein Kind die Erfahrung macht, dass es erniedrigt, verletzt, geschädigt wird und ist, dass sein Ich nicht respektiert, sondern mit Füßen getreten wird, wie soll es dann positiv von sich denken? Das Kind braucht neue Erfahrungen, die der Ich-Stärkung dienen, und dann kann auch positives Denken über sich selbst folgen. Positives Denken kann neue Erfahrungen unterstützen, aber nicht ersetzen.

Wie geht Ich-Stärkung? Von besonderer Bedeutung für diesen Weg ist meines Erachtens unser Modell der Bedeutungsräume[22].

Jeder Mensch, ob klein oder groß, lebt und erlebt sich zeitlich und räumlich. »Klein« und »groß« sind dabei nicht nur Beschreibungen der Körpergröße oder des Alters, sondern auch der Befindlichkeit: Ein Mensch fühlt sich klein oder groß. Er geht mit »breiter« Brust durch die Welt und nimmt weiten Raum ein oder »verschwindet« fast. Oben und unten, links und rechts, vorne und hinten hat unterschiedliche Bedeutung für verschiedene Menschen und unterschiedliche Situationen. Wenn ein Mensch den Boden unter den Füßen verliert, so ist damit nicht gemeint, dass der Fußboden wackelt, sondern im übertragenen Sinn: dass, was für den Menschen und sein Ich und sein Leben bodenständig ist und Sicherheit bildet, in Gefahr ist. Die Richtung »hinten« kann bedeuten, in den Raum hinter sich zu laufen oder nach hinten oder in die Vergangenheit zu schauen, auf das, was hinter einem liegt. »Hinten« kann aber auch bedeuten, Rückendeckung zu bekommen oder zu spüren, dass dem Menschen jemand in den Rücken gefallen ist. In vielen ähnlichen Beispielen der deutschen Sprache drückt sich räumliches Erleben aus.

Um mit dem Modell der Bedeutungsräume herauszufinden und zu beschreiben, was hochbelastete Kinder in besonderer Weise zur Ich-Stärkung brauchen, werde ich mich im Folgenden zunächst auf den Erfahrungsraum von Ihnen als Leser/in beziehen.

5.2 Die fünf wichtigsten Bedeutungsräume

Der *öffentliche Raum* ist der Raum, in dem Sie sich zeigen und in der Öffentlichkeit bewegen.

Auf dem Marktplatz wurden in früheren Zeiten Informationen ausgetauscht, manchmal auch politische Entscheidungen getroffen

22 Baer, U. (2012): Kreative Leibtherapie. Das Lehrbuch. Berlin

und mit Waren gehandelt. Wir Menschen zeigen uns dort, präsentieren uns. Wir werden gesehen und können uns Gehör verschaffen. Wenn Sie zu einer Party oder einer Opernaufführung gehen, werden Sie sich wahrscheinlich anders kleiden, weil Sie sich im öffentlichen Raum präsentieren, als wenn Sie zu Hause vor dem Fernseher »abhängen«.

Im öffentlichen Raum erwerben Menschen auch sozialen Status. Sie werden mehr oder weniger anerkannt. Wie sie sich zeigen, wie sie sich verhalten, wird wahrgenommen und beurteilt. Manche bewegen sich gerne in öffentlichen Räumen, andere sind da eher scheu und zurückhaltend. Für einige Menschen ist es zum Beispiel reizvoll, einen Vortrag zu halten, um sich und ihre Ansichten zu präsentieren. Bei anderen ruft dies Scham und Angst hervor.

Am öffentlichen Raum teilzunehmen, kann auch Zugehörigkeit schaffen. Wer sich in einem Verein oder Fußballstadion zeigt und präsentiert, gehört »dazu«. Auch die Einladung oder Teilnahme an einer Galerieeröffnung oder einer Geburtstagsfeier kann Verbindungen schaffen. Man trifft »Gleichgesinnte«, Menschen mit ähnlichen Interessen und vielleicht sogar Ansichten.

Im *Raum der Begegnung* treffen Sie nicht so viele Menschen wie im öffentlichen Raum. Er entsteht in der Beziehung zweier, manchmal auch dreier oder mehrerer Menschen, in jedem Fall einer kleinen Gruppe. Zwischen den Menschen entstehen Schwingungen, entwickelt sich Resonanz und damit eine bestimmte Qualität der Begegnung. Sie werden Menschen kennen, bei denen die Kontakte sehr oberflächlich sind, während bei anderen, die Sie vielleicht noch gar nicht so lange kennen, die Begegnung schnell in einen intensiven Austausch mündet, mit Worten und manchmal auch ohne. Zwischen Ihnen und der anderen Person entsteht so ein unsichtbarer, aber spürbarer Raum, der *Raum der Zwischenleiblichkeit*. Wenn Sie zum Beispiel in ein Restaurant oder Café gehen und alle Tische besetzt sind, werden Sie sich sicherlich nicht an einen Tisch setzen, an dem es flirrt oder klirrt, weil zwei Menschen in intensivem Austausch sind. Sondern Sie gehen eher dorthin, wo es weniger intensiv ist, wohin Sie sich trauen, sich dazuzusetzen, ohne das Gefühl zu haben zu stören. Sie werden trotzdem fragen, weil es der Erlaubnis bedarf, den Raum der Begegnung anderer Menschen zu betreten.

Ein weiterer Bedeutungsraum ist der *persönliche Raum*. Wenn Sie anderen Menschen zum Beispiel auf einer Feier begegnen und erst einmal einen Small Talk beginnen, werden Sie sich nicht Schulter an Schulter stellen, sondern wahrscheinlich einen Sicherheitsabstand, erfahrungsgemäß von einer Armlänge, wahren. Wird dieser Sicherheitsabstand unterschritten, zum Beispiel im Fahrstuhl oder durch starke Duftnoten, dann entsteht oft Unbehagen. Der persönliche Raum umfasst die »Pufferzone« um den eigenen Körper. Er kann identisch mit der Reichweite der Arme sein, wird aber von jedem Menschen anders gespürt.

Es geht nicht um Räume, die in Zentimetern gemessen werden, sondern um Erlebensräume, und diese sind individuell. Viele Menschen, vor allem Kinder, erschließen sich ihren persönlichen Raum, indem sie greifen. Mit den Händen, mit den Armen, mit den Füßen greifen sie nach anderem und eignen es sich dadurch an. Sie entwickeln so ein Gespür dafür, was zu ihnen gehört und was nicht, was sie sich aneignen dürfen und wo es Grenzen oder Verbote gibt. Wir bezeichnen den persönlichen Raum auch oft als Raum des Reichtums. Den Raum, den wir mit unseren Händen erreichen können und der das umfasst, was wir im doppelten Sinn er-reicht haben: unser Reich.

Auch viele Tiere wahren oft den Sicherheitsabstand zwischen ihnen und anderen und schützen so ihren persönlichen Raum.

Der vierte Raum, der *intime Raum*, umfasst das, was dem Menschen besonders wichtig und kostbar und schützenswert ist. Seine Grenze setzen viele Menschen mit der Hautgrenze gleich, also mit dem, was sich innerhalb des Körpers oder an der Körperoberfläche oder -kontur befindet oder als solches erlebt wird. Doch auch der intime Raum kann nicht mit dem Körper gleichgesetzt werden, sondern ist ein Begriff für das individuell unterschiedliche *Körpererleben*. Die Grenzen verschiedener Menschen werden von ihnen unterschiedlich empfunden. Zum intimen Raum gehört das, was der Mensch anderen nicht zeigen oder offenbaren will oder nur solchen Menschen, zu denen es solche »intime« Nähe und Beziehung gibt. Menschen müssen das Recht haben – darauf werden Sie auch bestehen –, zu entscheiden, was sie von ihrer Intimität wem gegenüber preisgeben können und wollen. Dazu gehören Geheimnisse und bestimmte Gefühle. Dazu gehören aber auch das Maß und das Spiel mit der Nacktheit bzw. Bedecktheit. All das bedarf des besonderen Schutzes und der besonderen Erlaubnis, wenn sie geteilt werden darf und soll.

Innerhalb des intimen Raums gibt es einen weiteren Raum, den wir als *zentralen Ort* oder als *inneren Kern* bezeichnen. Sie finden ihn wie erwähnt auf keinem Röntgenbild und in keinem Anatomieatlas. Aber Sie können ihn spüren. Wenn Sie in sich hineinspüren, wo Ihr innerer Kern ist, Ihre Mitte, Ihr innerer Ort der Bewertung, die Substanz Ihrer Persönlichkeit, Ihr unzerstörbarer Kern usw., dann werden Sie mit Achtsamkeit vielleicht einen solchen Ort spüren können. Der muss sich nicht unbedingt in der körperlichen Mitte, im Bauchraum oder in der Nähe des Herzens befinden (darf es aber), manche Menschen spüren ihn hinter der Stirn oder an den Füßen, am Schlüsselbein, im Rücken, im Oberschenkel oder wo auch immer.

Wie Sie oder andere Menschen diesen Kern bezeichnen, ist individuell verschieden. Die Bezeichnung zentraler Ort ist eher ein Sammelbegriff. Der Psychotherapeut Carl Rogers hat diesen zentralen Ort als inneren Ort der Bewertung bezeichnet[23]. Denn von ihm gehen die Regungen und Impulse aus, mit denen Menschen bewerten, was sie mögen oder nicht mögen, wofür sie einstehen oder sich entscheiden, wozu sie Ja und Nein sagen. Dieser zentrale Ort ist oft auch verbunden mit dem inneren Ort der Würde.

---

23 Rogers, a. a. O.

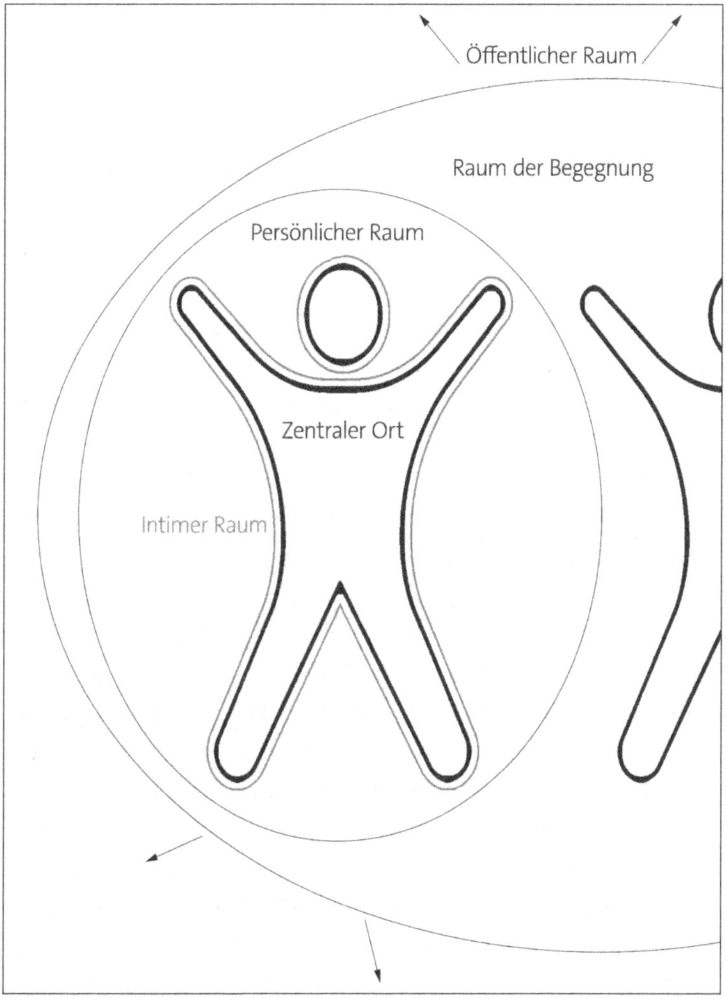
Öffentlicher Raum
Raum der Begegnung
Persönlicher Raum
Zentraler Ort
Intimer Raum

5.3 Verletzungen und Schutz des öffentlichen Raums

Alle Bedeutungsräume hängen miteinander zusammen. Wenn ich im Folgenden einzeln betrachte, wie sie bei hochbelasteten Kindern und Jugendlichen wirken und welchen Verletzungen diese Kinder ausgesetzt sind und was sie brauchen, dann sollen diese Räume nicht isoliert betrachtet, sondern allenfalls einzelne Aspekte betont werden.

Auf den Bedeutungsraum der Begegnung bin ich in Kapitel 3 schon eingegangen. Die Kernaussage war: Fast alle Verletzungen sind Beziehungsverletzungen – Beziehungsverletzungen brauchen Beziehungsheilung. Hilfe für hochbelastete Kinder und Jugendliche muss deshalb hauptsächlich durch Beziehungsarbeit erfolgen. Wenn hochbelastete Kinder und Jugendliche am und im öffentlichen Raum leiden, dann zeigt sich dies vor allem über zwei Anhaltspunkte: die Haltlosigkeit und die mangelnde Zugehörigkeit. Beginnen wir mit dem ersten Punkt. Wenn der innere Kern und der intime und persönliche Raum eines Kindes geschädigt und verletzt ist, kann sich nur unsicher im öffentlichen Raum zeigen. Die Kinder und Jugendlichen wirken haltlos und verloren. Sie sind anderen Menschen verloren gegangen und oft auch sich selbst. Oft wurden sie beschämt und in die Öffentlichkeit gezerrt. Wer öffentlich ausgelacht und erniedrigt wurde, kann sich nicht mehr selbstsicher und selbstbewusst der Öffentlichkeit stellen.

Folgen sind, dass die Kinder oft im öffentlichen Raum versuchen aufzutrumpfen, aggressiv sind, den Clown oder den Helden spielen, zumindest den »Macker« oder die »Mackerin«. Das führt dann wiederum dazu, dass sie bei anderen Kindern anecken und nicht gemocht werden, was die Verunsicherung verstärkt und einen negativen Kreislauf in Gang setzt. Andere verletzte Kinder meiden den öffentlichen Raum, wollen sich nicht zeigen, verschwinden aus dem Blickfeld. Es ist ihnen unmöglich, sich im öffentlichen Raum halbwegs »normal« zu bewegen. Wieder andere schwanken zwischen beidem, zwischen Rückzug und Aggressivität, wenn es in die Öffentlichkeit geht. Bei diesen Kindern sind Versuche, sie im Auftreten im öffentlichen Raum zu unterstützen, oft vergeblich. An erster Stelle müssen die Stärkung des inneren Kerns und der Schutz des intimen und persönlichen Raums Beachtung finden. Gute Erfahrungen haben meine Kolleg/innen und ich damit gemacht, wenn Kinder und Jugendliche in kreativen Gruppen etwas gemeinsam schaffen und dann die Ergebnisse in einer begrenzten Öffentlichkeit vorstellen, z. B. ihrer Klasse oder Menschen, die sie auswählen und einladen und ihre Bilder, Collagen, Theaterstücke, Musikproduktionen, Objekte usw. zeigen. Die Möglichkeit zu haben, Menschen auswählen zu dürfen, denen sich Kinder und Jugendliche zeigen, kann Brücken bauen, dass diese Kinder und Jugendliche sich dem öffentlichen Raum nähern, sich ihm zumuten.

Ein wichtiger Anhaltspunkt, dass Schädigungen im öffentlichen Raum vorliegen, liegt darin, dass die hochbelasteten Kinder und Jugendlichen sich nicht zugehörig fühlen. Viele haben Familienmitglieder verloren oder haben von nahen Menschen, zu denen sie sich eigentlich zugehörig fühlen sollten und dürften, massive Verletzungen erfahren. Wie kann dann Zugehörigkeit gelingen? Was diese Kinder und Jugendlichen brauchen, ist zunächst einmal Verständnis dafür, dass sie sich im öffentlichen Raum ungern und unbeholfen bewegen. Es ist wichtig, keinen Druck auszuüben und die Kinder in ihrer Scheu und Zurückhaltung zu lassen. Ein sichereres Auftreten in der Öffentlichkeit kann nur erfolgen, wenn die anderen Bedeutungsräume, vor allem der innere Kern und der intime Raum, gestärkt worden sind. Das braucht Zeit. Wenn Wege aus der Einsamkeit gefunden worden sind, dann kann sich das Verhalten im öffentlichen Raum stabilisieren.

Gefördert werden sollte, wenn irgendwie möglich, die Zugehörigkeit hochbelasteter Kinder und Jugendlicher zu sozialen Gruppierungen und Organisationen. Manchmal ist es der Fußballclub oder ein anderer Sportverein. Oft bieten sich auch virtuelle Gruppen an, die über das Internet zusammenfinden. Manga-Freunde oder Vereinigungen von Fans eines bestimmten Computerspiels. Solche Zugehörigkeiten sind wertvoll und dienen der Stärkung und Stabilisierung.

5.4 Verletzungen und Schutz des persönlichen Raums

Alle Monster der Entwürdigung, denen hochbelastete Kinder und Jugendliche ausgeliefert waren und sind, beinhalten massive Verletzungen des persönlichen Raums. Die Grenzen wurden nicht geachtet. Die Kinder gingen ins Leere. Dies nicht nur einmal, sondern wiederholt. Wer sich nicht mehr sicher ist, wer er ist, kann dann auch nur unsicher in Begegnungen gehen und hat eingeschränkte Fähigkeiten, Räume der Begegnung zu schaffen und zu leben. Manche Kinder und Jugendliche vermeiden dann Begegnungen völlig oder können sie nur nach dem Schema oben und unten ausleben, also Täter/innen oder Opfer zu sein. Andere flüchten sich in ein suchtartiges Begegnungs-Verhalten und wollen alle anderen Menschen »nett« finden.

Hochbelastete Kinder und Jugendliche konnten sich ihr eigenes Reich nicht schaffen, weil der Raum ihres Reichtums und damit ihr persönlicher Raum nicht oder nur eingeschränkt existieren durfte bzw. immer wieder verletzt wurde. Deswegen brauchen sie Unterstützung darin, die Grenzen ihres Reiches und ihres persönlichen Raums zu erfahren und diesen Raum zu füllen. Wenn hochbelastete Kinder und Jugendliche, insbesondere komplextraumatisierte, in Einrichtungen kommen und ihr eigenes Zimmer beziehen, fällt auf, dass sie oft sofort ihr Zimmer umräumen. Die meisten schieben ihr Bett möglichst weit weg von der Eingangstür, um diese im Blick zu behalten, um Bedrohungen erkennen zu können. Dann bauen sie einen Schutzraum um ihr Bett mit Kissen, Decken, Vorhängen und anderem. Sie bauen sich Höhlen und schaffen sich damit auch symbolisch ihren persönlichen Raum. Was in diese Schutzhöhlen hineinkommt, gehört zu ihnen, ist ihnen eigen und zählt zu ihrem Reich(tum) innerhalb ihrer Reichweite. Lassen Sie ein solches Verhalten zu, fördern sie es. Es macht Sinn. Deswegen sollten wir diesen Kindern, wo und wann auch immer und nicht nur dann, wenn sie ein solches Bedürfnis ausdrücklich zeigen, entsprechende Materialien zur Verfügung stellen.

In Wohngruppen ist es in dem Zusammenhang besonders wichtig, dass es klar definierte gemeinsame Gegenstände gibt, die der ganzen Gruppe zur Verfügung stehen, sich also im öffentlichen Raum befinden, zum Beispiel bestimmte Spiele. Und dass es bestimmte Gegenstände gibt, die einer einzelnen Person zugehörig sind und Bestandteil ihres persönlichen Raums sind. Letzteres ist wichtig und notwendig, um den persönlichen Raum zu stärken. Hochbelastete Kinder und Jugendliche brauchen eigene Dinge, um ein Gefühl für das Eigene zu entwickeln.

Zu den Verletzungen des persönlichen Raums gehört immer auch, dass die Grenzen nicht geachtet werden. Viele hochbelastete Kinder und Jugendliche haben achtsame und würdigende Grenzen nicht gelernt. Stellen Sie sich vor, Sie würden sich immer in einem Fahrstuhl befinden und Ihnen käme ständig jemand zu nah. Sie würden in Not geraten und irgendwann unsicher werden, was für Sie eine angemessene Grenze ist und was eine Grenzverletzung beinhaltet. So geht es vielen dieser Kinder, und deswegen können sie oft auch die Grenzen anderer nicht achten oder reagieren auf Grenzverletzungen panisch oder aggressiv. Sie müssen auch bei guter Betreuung und beginnenden Fortschritten der Stärkung und Heilung den Umgang mit Nähe, Distanz, Grenzen üben, um Erfahrungen mit Grenzen neu zu machen. Deswegen ist es wichtig, dass wir Erwachsenen ihnen immer wieder Hinweise geben: »Das ist zu nah.« »Hiermit überschreitest du meine Grenzen« … Wenn wir den Kindern anbieten, dass wir näher kommen oder sie umarmen oder irgendwie ihren persönlichen Raum betreten, dann müssen wir immer fragen. »Willst du das oder nicht?« »Darf ich kommen oder soll ich lieber nicht?« Entscheidend bei der Stärkung des persönlichen Raums ist, dass die Kinder und Jugendlichen üben und lernen, Wahlmöglichkeiten zu haben, wer wann die Grenzen dieses persönlichen Raums überschreiten darf und wer nicht.

5.5 Verletzungen und Schutz des intimen Raums

Sexuelle Gewalt und Beschämung sind die Hauptelemente, mit denen der intime Raum verletzt wird. Und das massiv. Auf beides bin ich schon bei den Monstern der Entwürdigung eingegangen, sodass hier einige ergänzende Bemerkungen genügen sollen.

Verletzungen des intimen Raums zeigen sich bei hochbelasteten Kindern und Jugendlichen daran, dass sie kein Maß für den Schutz ihres intimen Raums spüren und dementsprechend maßlos reagieren. Manche verteidigen die Grenzen ihres intimen Raums massiv, oft aggressiv. Dies ist eine Schutzreaktion auf Verletzungen der Intimität gewalttätiger und sexuell gewalttätiger Übergriffe. Bei anderen hat sich die Schutzlosigkeit so eingehaust, dass sie die Verletzungen gar nicht mehr spüren. Sie entblößen und zeigen sich, spielen in der Öffentlichkeit sexuell mit sich oder verletzen selbst die Grenzen der Intimität anderer Kinder oder Erwachsener. Hier ist das Grundgespür für den intimen Raum verletzt und »ausgetrieben« worden.

> Wenn ein neues Kind in die Kindergruppe kam, ging F. sofort auf es zu, umarmte es, rieb sich an ihm. Wenn er dann weggestoßen wurde, blieb er hartnäckig und suchte weiterhin intimen Kontakt. Bei anderen Gelegenheiten zog er sich aus und spielte an seinem Penis.
> Er war ab dem Alter von drei Jahren jahrelang sexuell missbraucht worden. Er spürte die Verletzungen des intimen Raums nicht mehr, sondern hatte die Erfahrung gemacht, dass diese Verletzung eine alltägliche Form der Begegnung ist.

Auch Beschämung, die über einen längeren Zeitraum Kindern und Jugendlichen zugefügt wurde, kann dazu führen, dass die Grenzen des intimen Raums brüchig werden. Beschämung kann zur alltäglichen Erfahrung werden und führt dazu, dass auch andere Menschen beschämt werden.

Ein Junge von sieben Jahren verhielt sich in der Schule verbal übergriffig. Er beschimpfte vor allem Mädchen und manchmal auch Lehrer/innen als »Schlampe«, »Fotze«, »Arschloch«, »Opfer« … So sprach und spricht sein Vater über Frauen, vor allem die Mutter, die die Familie nach gewalttätigen Übergriffen fluchtartig verlassen hatte. Eine andere Sprache kannte er nicht.

Hier brauchen Kinder und Jugendliche Erklärungen, um den Schutz zwischen natürlicher Scham und Beschämung zu verstehen. Hier brauchen sie klare Vorbilder von Erwachsenen, was den Schutz des intimen Raums betrifft.

Jede Zurückweisung von Verletzungen des intimen Raums, die diese Kinder erfahren, ist gleichzeitig Vorbild für ein neues und anderes Verhalten. Es bedarf Regeln für das einzelne Kind oder bei Gruppenprozessen für alle Kinder, was öffentlich gezeigt werden darf und was nicht. Hochbelastete Kinder und Jugendliche werden sich nicht sofort danach richten. Aber sie sind lernfähig und werden lernen. Für die erwachsenen Begleitpersonen braucht dies Zeit und Geduld. Die Hochbelastung besteht ja darin, dass die Kinder die Verletzungen und Belastungen nicht nur einmal erfahren haben, sondern über einen längeren Zeitraum. Deswegen brauchen die Veränderungsprozesse auch längere Zeit.

Als die fünfjährige A. in die Kita kam, kannte sie keine andere Art der Annäherung, als Kinder zu berühren, vor allem im Intimbereich. Die Kinder schreckten zurück. Die Erzieher/innen gingen dazwischen. A. wirkte dann immer sehr erstaunt und verstand nicht, was sie falsch gemacht hatte. Sie kannte nichts anderes. Die Erzieher/innen erklärten A., was richtig und was falsch war. Vor allem zeigten und übten sie mit ihr, wie sie sich anderen Kindern nähern könne. Dass sie sie nicht am Gesäß, sondern an der Schulter anfassen könne. Dass sie fragen müsse, ob sie jemanden anfassen darf oder nicht. Dieser Prozess wirkte, dauerte aber mehrere Monate, bis A. neue

Verhaltensweisen gelernt hatte. Die Frage: »Willst du mit mir spielen?«, war für A. eine Sensation. Sie war nie gefragt worden. Jetzt konnte sie fragen und erntete oft ein Ja und ein Lächeln der anderen Kinder. Also lernte auch A., die anfangs nie gelacht hatte, auch ihr Lächeln wieder zu entdecken.

5.6 Stärkung des inneren Kerns

Wenn Kinder Gewalt erfahren und beschämt werden, wenn sie erniedrigt werden und ins Leere gehen, werden die Grenzen ihres persönlichen und intimen Raums nicht geachtet. Wird durch diese Grenzen hindurchgestoßen, im übertragenen wie im wörtlichen Sinn, bleibt der innere Kern der Kinder und Jugendlichen ungeschützt und wird jeder Bedrohung preisgegeben. Manche Kinder und Jugendliche sind in großer Gefahr, daran zu zerbrechen. Bei den meisten wird die Entwicklung des inneren Kerns gestört, und dieser Kern wird brüchig. Statt Selbstverständlichkeit strahlt er Unsicherheit und Leere aus.

Wenn dies geschieht und über einen längeren Zeitraum erfolgt, dann wissen und spüren Kinder und Jugendliche nicht mehr, was sie wollen und was nicht. Sie sind oft existenziell verunsichert, beharren auf bestimmten Impulsen, kämpfen verzweifelt darum, ihnen folgen zu dürfen, auch wenn sie unrealistisch und für andere absurd sind. Bei vielem anderen, was sie sich erlauben könnten, zucken sie zurück, übersehen es, gehen den Impulsen nicht nach.

Für alle Menschen gilt: Wenn meine Grenzen nicht geachtet werden, wenn ich wiederholt ins Leere gehe und verletzt bin, dann entsteht in mir die Frage: Wer bin ich eigentlich? Bin ich es wert, von anderen Menschen gewürdigt zu werden? Offenbar nicht. Also bin ich wertlos. Dieses Gefühl der eigenen grundsätzlichen Wertlosigkeit können Kinder und Jugendliche kaum aushalten. Sie spüren es, und es setzt sich in ihnen fest als neuer innerer Kern, als Ersatzkern, als innerer Ort, aus dem Taten und manchmal Täterverhalten hervorgerufen werden. Sie kämpfen gleichzeitig verzweifelt darum, anerkannt zu werden und sich wertvoll fühlen zu dürfen. Diese Verzweiflung kann sich in Aggressivität und Gewalttätigkeit äußern oder viele andere Symptome zeigen.

Was diese Kinder und Jugendlichen brauchen, ist die grundlegende Erfahrung: Du bist wertvoll! Ich schätze dich! Ich mag und dulde nicht alles, was du tust, aber ich bleibe bei dir. Du darfst wiederkommen. Ich gebe mich mit dir ab, weil ich es will und weil du es wert bist. Diese Grunderfahrung brauchen hochbelastete Kinder und Jugendliche nicht nur einmal, sondern immer wieder. Dann kann der innere Kern wachsen und gestärkt werden.

Auch die Frage »Was willst du?« ist überlebensnotwendig. »Was magst du jetzt?« »Was willst du wirklich, wenn du so außer dir bist?« »Was sind deine Leidenschaften?« »Wen magst du, wen nicht?« … All diese Fragen stärken und schützen den inneren Kern. Diesen Fragen nachzugehen, ist vor allem möglich, wenn keine aktuelle Not vorhanden ist, sondern eine solide Rahmung gefühlt wird.

Selbstverständlich gehört es auch zum Schutz und zur Stärkung des inneren Kerns, den Raum der Intimität und den persönlichen Raum zu schützen. Alle Bedeutungsräume gehören zusammen und sind ein komplexer Bereich, der für den Ich-Aufbau sinnvoll und notwendig ist. Der Stärkung des inneren Kerns kommt dabei eine zentrale Rolle zu.

Wir lassen die Kinder wissen, insbesondere auch solche mit traumatischen Erfahrungen, dass wir der Überzeugung sind, dass sie über einen »unzerstörbaren« Kern verfügen, den diejenigen, die ihnen etwas Böses angetan haben, nicht erreichen können. Wir sagen, dass der unzerstörbare Kern in ihnen lebt, auch wenn sie ihn manchmal nicht finden, er manchmal nicht zugänglich ist, er sich manchmal versteckt oder überschüttet wurde mit Geröll. Oft laden wir sie ein, ihren unzerstörbaren Kern zu gestalten, ihn zu malen, ihn aus Ton zu formen oder als Stoffobjekt entstehen zu lassen. Viele machen dies mit zunehmender Begeisterung. Es entstehen wunderbare Gebilde, die für das Kind wie ein Talisman oder ein Schutzfaktor wirken und den Ich-Aufbau fördern.

Manche Kinder können dies nicht, weil ihnen die Vorstellung, dass sie über einen unzerstörbaren Kern verfügen, (noch) zu fremd ist. Dann bitten wir sie zum Beispiel, sich aus einer Fülle von Stofftieren eines auszusuchen, von dem sie meinen, dass es einen unzerstörbaren Kern hat. Und sie gestalten dann den unzerstörbaren Kern des Stofftieres – eine erste Annäherung, in der zumindest Anteile des eigenen Kerns auf den des Stofftieres projiziert werden.

Auch Selbstbilder können hilfreich sein. In manchen Selbstbildern wird am Anfang eines Ich-Stärkungsprozesses vor allem die Abwertung sichtbar, die die Kinder erfahren haben. Oft zeigen sich Verletzungen, Narben, Wunden, dunkle Stellen und Ähnliches mehr. Wir bitten dann, ein weiteres Selbstbild zu malen: »Mal dich mal so, wie du sein möchtest!« Dann verändern sich die Bilder in unterschiedlicher Weise. Es können auch Selbstbildreihen entstehen, in denen immer wieder einzelne Aspekte des Selbstbildes in den Vordergrund treten.

Auch die Gestaltung »guter Vorbilder« für die Kinder ist wirksam für die Ich-Stärkung. Uns Menschen tut es gut, Vorbilder zu haben, denen wir nacheifern oder von denen wir uns zumindest »eine Scheibe abschneiden« wollen. Manchmal kennen hochbelastete Kinder und Jugendliche gar keine positiven Vorbilder, weil sie so viel Negativität erfahren haben. Doch irgendwann öffnen sie sich auch dafür, und die Beschäftigung mit Vorbildern kann hilfreich sein. Wir fragen dann: »Was magst du an dieser Person? Was schätzt du an ihr? Was kannst du von ihr gebrauchen für dich?« …

Tim nannte auf die Frage nach dem Vorbild eine Super-Hero-Figur, die gerade in den Kinos aktuell war. Ich fragte: »Was möchtest du denn von dem haben?« Er antwortete: »Dass der so stark ist!« Ich frage weiter: »Wozu könntest du denn diese Stärke gebrauchen?« Er: »Den würde sein Vater nie mehr verhauen!«

Wenn Sie für die Ich-Stärkung einer Gruppe von Kindern verantwortlich sind, können Sie das Spiel »Wir Helden« anregen:

- Als Erstes sucht sich jedes Kind eine Heldin oder einen Helden aus: Indianer, Cowboy, Superwoman, Weltraumpilot … oder was den Kindern oder Ihnen sonst noch einfällt.
- Im zweiten Schritt erzählen die Kinder, was sie als Held Besonderes können, welche tollen Fähigkeiten sie haben.
- Und im dritten Schritt identifizieren sie sich auch körperlich und spielerisch mit ihrem Helden oder ihrer Heldin. Sie gehen, blicken, reden so wie die Helden, posieren usw.
- Und begegnen dann im vierten Schritt, wenn es nicht schon längst passiert ist, anderen Heldinnen und Helden.

Wenn möglich, fragen Sie sie danach zum Ausklang, wofür und in welchen Situationen sie die Helden-Fähigkeiten brauchen könnten. Sie werden von den Antworten überrascht sein.

5.7 »Ich bin ich« und andere Wege der Ich-Stärkung

Bei kleineren Kindern ist es sinnvoll, zur Ich-Stärkung sich mit dem Buch von Mira Lobe »Das kleine Ich bin ich« zu beschäftigen. Sie können Kinder nach dem Lesen des Buches bitten, ihr eigenes »Ich bin ich« zu malen. Manche Kinder sind dazu in der Lage, andere brauchen Unterstützung, andere können es nicht und brauchen Vorarbeiten und Anregungen.

Sie können sich auf den Weg der Ich-Stärkung auch mit Fragen begeben wie zum Beispiel:

- »Was kannst du besonders gut?«
- »Was magst du an dir?«
- »Was kannst du vielleicht besser als andere?«

Sie sollten dabei die Antworten des Kindes bekräftigen oder, wenn das Kind Schwierigkeiten hat, Antworten zu finden, ihm Vorschläge machen und gemeinsam auf die Suche zu gehen. Hilfreich kann auch die Frage sein: »Was würdest du gern (besser) können?«

Oder Sie fragen:

- »Welches Tier wärest du gerne?«
- »Was könntest du als dieses Tier besonders gut machen?«
- »Male dich als dieses Tier …«

Sie können auch ein großes Blatt Papier nehmen und darauf malen oder kleben (Collage), was Kinder antworten auf folgende Ich bin ich-Fragen:

- »Was ist meine Lieblingsspeise?«
- »Was ist meine Lieblingsfarbe?«
- »Was ist mein Lieblingsbuch?«
- »Was ist mein(e) Lieblingssportler/in?«
- »Was ist meine Lieblingsfilmfigur, Lieblingscomicfigur? …«
- »Was ist meine Lieblingsmusik?«
- …

Eine andere Unterstützung der Ich-Stärkung sind Kraftsteine. Wenn es möglich ist, gehen Sie mit Kindern in der Natur und suchen Sie Steine. Wenn das nicht möglich ist, bieten Sie ihnen auf einem großen Tablett, auf dem Tisch oder auf dem Boden ausgebreitet mehrere Steine an, die Sie selbst gesammelt haben. Das Kind wählt sich einen aus. Erlauben Sie ausdrücklich einen Tausch, wenn das Kind mit seiner ersten Wahl nicht zufrieden ist. Oder ermutigen Sie das Kind, zunächst zwei Steine auszuwählen, von denen es sich dann für einen entscheidet. Der Prozess des Auswählens ist wichtig, weil das Kind sich damit selbst wichtig nimmt.

Der Stein wird gewaschen, gesäubert und abgetrocknet. Nun fordern Sie die Kinder auf: »Nehmt euren Stein ganz fest in die Hand.

Dieser Stein ist euer Kraftstein. Hier sind Farben, Farbstifte oder Filzstifte. Nun bemalt euren Stein. Wenn ihr Hilfe braucht, fragt mich. Ich unterstütze euch.«

Nach dem Trocknen sollen die Kinder oder auch Jugendlichen diesem Stein einen besonderen würdigen und seine Bedeutung würdigenden Platz geben: »Ihr könnt ihn mit euch tragen, ihn in die Hosen- oder Jackentasche stecken, neben euer Bett legen oder in den Schrank – ganz wie ihr wollt.«

Eine andere schöne Gruppenaktion können Sie anbieten, indem Sie anregen, dass jedes Kind und jeder Jugendliche eine eigene Fahne gestaltet. Eine Ich-Fahne. Wenn das Kind Achim heißt, heißt die Fahne Achim-Fahne, Saras Fahne heißt Sara-Fahne usw.

Bieten Sie den Kindern verschiedene Stoffe oder Stoffreste an, aus denen sie sich ihre eigene Fahne herausschneiden. Sie können auch weiße Stoffe bereitstellen, damit die Kinder diese bemalen können. Oder Sie regen an, verschiedenfarbige Stoffe übereinanderzukleben oder mit Sicherheitsnadeln zusammenzustecken. Entscheidend ist, dass jedes Kind und jede/r Jugendliche die eigene Ich-Fahne gestaltet. Dann befestigen die Kinder ihre Fahnen an Stöcken (aus der Natur oder Besenstiele andere Stöcke aus dem Gartencenter) und tragen sie herum oder hängen sie auf.

6 Der sechste Weg: Konstruktive Wirksamkeitserfahrungen

6.1 Das Gefühl chronischer Wirkungslosigkeit

In dem Buch »Das ABC der Gefühle«[24] befragten meine Frau Gabriele Frick-Baer und ich Gefühle nach ihrer Befindlichkeit, als wären sie Personen. Da sagen das Gefühl der Wirksamkeit und das Gefühl der Unwirksamkeit über sich:

> »Wir gehören wie das Interesse zu den herumgeisternden Gefühlen, die zwar jeder Mensch hat, die aber niemand kennt oder gar als Gefühl bezeichnen würde. Dass es uns gibt, bemerkt man erst dann, wenn wir abhandenkommen. Wenn eine Person das Gefühl hat, unwirksam zu sein, dann ist der Teufel los. Dann sinkt das Selbstbewusstsein in den Keller, dann breiten sich Resignation und Elend aus. ›Ich kann machen, was ich will, nichts gelingt‹ und ›Ich kann sowieso nichts bewegen‹ stöhnen die Menschen dann. Da wäre es doch angemessen, uns, die wir die Menschen bewohnen, auch zu kennen, meinen Sie nicht auch?
> Wir sind als Wirksamkeit/Unwirksamkeit ein unzertrennliches Paar. Kinder sind von Anfang an darauf aus, die eine von uns zu päppeln. Sie wollen wirksam sein. Sie wollen sich bemerkbar machen und die Flasche oder die Brust bekommen. Sie wollen sich umdrehen und nach dem Spielzeug greifen. Sie wollen aufstehen und einen Klang hervorrufen … Wenn ihnen das gelingt, fühlen sie sich wirksam. Wenn sie scheitern, fühlen sie sich unwirksam. Das fühlen sie, und man sieht es ihnen an. Wenn ich, das Gefühl der Wirksamkeit, ein Kind besuche, bringe ich es zum Strahlen. Als Gefühl der

24 Baer, U.; Frick-Baer, G. (2017): Das ABC der Gefühle. Weinheim

Unwirksamkeit (manchmal sagt man übrigens auch Frust zu mir) bringe ich es zum Knatschen oder Toben.
Wir beide, Wirksamkeit und Unwirksamkeit, gehören auf immer zusammen; wir sind eins. Niemand darf uns trennen, das ist unsere größte Angst. Würden wir nur als Wirksamkeit existieren, würden die Menschen das Scheitern nicht kennen, dann könnten sie daraus nicht lernen, sondern würden größenwahnsinnig und eitel werden. Wenn wir nur als Unwirksamkeit in einem Menschen existierten, würden wir von ihm Besitz ergreifen und ihn lahmlegen. Das passiert manchmal bei Kindern und Jugendlichen. Wenn nicht nur das eine oder andere, das sie tun, unwirksam bleibt, sondern alles, dann verliere ich, die Unwirksamkeit, meine Lebenspartnerin und damit jede Hoffnung und Sinnhaftigkeit. Ich werde als Unwirksamkeit zum alles bestimmenden Grundgefühl und lande immer bei sinnloser Gewalttätigkeit, entweder gegen andere oder gegen die Person selbst, in der unbewussten verzweifelten Hoffnung, doch noch irgendetwas bewirken zu können.«

Für die hochbelasteten Kinder ist das Gefühl der Wirksamkeit keine Selbstverständlichkeit. Im Gegenteil. Sie haben oft so zahlreiche und so lang andauernde Erfahrungen der Unwirksamkeit gemacht, dass sich das Gefühl, unwirksam zu sein, in ihnen als Selbstverständlichkeit eingehaust hat. Wenn ein Kind die Erfahrung macht, dass das Nein nicht gehört wird und es sexuelle Gewalt erfährt; wenn ein Jugendlicher sich äußern kann, wie er will, und er findet keine Beachtung; wenn ein fünfjähriges Mädchen um Hilfe schreit und nicht gehört wird …, wenn sich diese und andere Erfahrungen der Grenzverletzungen und der Leere wiederholen, dann sind dies nicht nur einmalige Erfahrungen der Unwirksamkeit, sondern ein chronisch gewordenes Erleben. Wir können deshalb bei den hochbelasteten Kindern und Jugendlichen davon ausgehen, dass diese ein Grundgefühl chronischer Unwirksamkeit entwickeln mussten.

6.2 Die Folgen

Chronische Unwirksamkeitserfahrungen haben für die Kinder und Jugendlichen oft massive und anhaltende Folgen.

Manche Kinder oder Jugendliche geben auf. Ihr Bedürfnis nach Wirksamkeit wird nicht mehr wahrgenommen oder es ist in ihnen gleichsam eingesperrt. Dies ist der depressive Weg des Rückzugs und der Resignation. Die Kinder geben auf, um nicht immer wieder die kränkende Erfahrung der Wirkungslosigkeit erleben zu müssen. Sie ziehen sich zurück. Die Resignation wird zu einem Selbstschutzprogramm:

> Als die Lehrerin H. fragte, ob sie nicht mit den anderen Kindern spielen wolle, zuckt diese nur verständnislos mit den Schultern. Die Augen strahlen keine Angst aus, sondern tiefe Resignation: Wie könnte denn jemand Interesse haben, mit mir zu spielen …

Eine zweite Möglichkeit, wie Kinder chronische Erfahrungen der Beziehungsunwirksamkeit verarbeiten, besteht darin, dass sie ihr Wirksamkeitsbedürfnis in der Fantasie lebendig werden lassen. Im Inneren dieser Kinder toben sich die Wirksamkeitswünsche und Sehnsüchte aus. Sie retten als Manga-Figuren andere Menschen. Sie können zaubern und verzaubern. Sie haben die Macht, Fußballspiele zu entscheiden oder die Welt zu retten. Sie können berühmt werden und Wirkung für Tausende von Menschen haben.

Dieser Weg mindert die erlebten Enttäuschungen der Unwirksamkeit, und er ist für die meisten relativ sozial verträglich, weil diese Kinder und Jugendlichen nicht aggressiv werden. Doch der Weg der Wirksamkeitsfantasien führt auch zum Rückzug aus sozialen Kontakten. Die Kinder und Jugendlichen sind oft wenig in der Lage oder zumindest wenig willens, mit anderen Kindern zu spielen oder andere wirksame Verbindungen einzugehen.

Eine dritte Möglichkeit der Wirksamkeitsbemühungen äußert sich in explodierender Aggressivität und Gewalttätigkeit. Zum Beispiel:

F. hat in seinem vierzehnjährigen Leben nur Leere erfahren. Er wurde gewalttätig gequält, missachtet, beschämt. Seine Not wurde nicht gesehen, seine Hilferufe gingen ins Leere. Nun geht er scheinbar ohne Anlass aggressiv auf andere Menschen zu. Er schimpft, beleidigt, er schlägt. Die Menschen, die ihn begleiten, suchen oft nach konkreten Anlässen oder reden mit ihm, dass es doch gar keinen »richtigen« Grund gibt für seine aggressiven Ausbrüche. Diese Bemühungen fruchten nicht, denn F.s Aggressivität braucht keinen äußeren Anlass. Sie speist sich aus der Erfahrung von Leere, Unwirksamkeit und Wirksamkeitssehnsucht.

Wer andere Menschen nicht erreichen kann, versucht dies dann häufig mit Gewalt und Aggressivität. Diese Ausbrüche sind oft verzweifelt. F.s Kampf um Wirksamkeit ist verzweifelt, weil er kein Objekt hat und deshalb meist keine Richtung. In der Leere findet sich kein Ziel. Sich in der Leere zu bewegen, hat – im Gegensatz zur Wirksamkeit – keine Richtung. Das Ungerichtetsein verbindet sich mit der Selbstwertlosigkeit zu einem verzweifelten und ziellosen Um-sich-Schlagen bis hin zu Amokläufen.

Entscheidend für die Entwicklung von Gefühlen und Erwartungen der Wirksamkeit sind die Erfahrungen. Wenn die hochbelasteten Kinder und Jugendlichen negative Erfahrungen mit ihrer Wirksamkeit gemacht haben, dann brauchen sie neue Erfahrungen, aus denen sich neue Erwartungen entwickeln können. Dieses Verständnis ist entscheidend für eine wirksame helfende Begleitung von hochbelasteten Kindern und Jugendlichen.

6.3 Destruktive und konstruktive Wirksamkeitsbemühungen

Kinder, die an den Erfahrungen und Folgen der Unwirksamkeit leiden, bemühen sich um Wirksamkeit. Dies kann konstruktiv und destruktiv geschehen. Wenn wir sie in ihren Wirksamkeitsbemühungen unterstützen und ihnen neue Erfahrungen der Wirksamkeit vermitteln wollen, ist deshalb zunächst einmal die Unterscheidung zwischen destruktiven und konstruktiven Wirksamkeitsbemühungen wichtig. Ein Jugendlicher, der Autos zerkratzt, ist ebenso wirksam wie die andere, die sich für Amnesty International engagiert.

Der Unterschied zwischen der destruktiven und der konstruktiven Wirksamkeit zeigt sich nicht in dem Impuls, der von den Kindern und Jugendlichen ausgeht, sondern in den Wirkungen. Destruktive Wirksamkeit führt dazu, dass Menschen verletzt und Gegenstände zerstört werden. Den destruktiven Wirksamkeitsbemühungen wohnt fast immer etwas Verzweifeltes, Unberechenbares, Unerklärliches und Zerstörerisches inne. Da sie aus Erfahrungen der Leere erzeugt wurden, wirken sie oft maßlos. Sie haben von außen gesehen meist keinen Grund und oft einen Anlass, der nichtig erscheint. Drei Jugendliche schlagen zum Beispiel in der U-Bahn einen Mann zusammen, der sie gebeten hat, das Rauchen einzustellen. Ein achtjähriges Mädchen zündet einen Kinderwagen an, steht daneben und strahlt und weint gleichzeitig. Eine Schülerin zerreißt das Heft ihrer Freundin und schlägt sie, weil diese nicht mehr auf ihre Facebook-Anfrage reagiert.

Oft wirken die destruktiven Wirksamkeitsbemühungen auch selbstzerstörerisch. Sie können in selbstzerstörerische Aktionen münden, in Suizidversuchen, Selbstverletzungen und Ähnlichem. Die Folgen destruktiver Wirksamkeitsbemühungen, die Konsequenzen, die sie nach sich ziehen, verstärken dann oft die selbstzerstörerische Wirkung: Strafen, Isolation, finanzielle Verluste und dergleichen mehr.

Eine besondere Rolle bei der Betrachtung der destruktiven Wirksamkeitsbemühungen spielt der Wiederholungszwang. Sie schaffen meist nur eine Teilbefriedigung: Ich habe etwas erreicht, etwas bewirkt. Doch das, was ich mir durch die vorenthaltene Erfahrung von Beziehungswirksamkeit ersehne, bekomme ich nicht: dass ich ernst genommen werde, dass ich etwas wert bin, dass ich gewürdigt werde. Also geht es immer wieder von Neuem los, und immer wieder entsteht der Impuls zu destruktivem Handeln. Solche destruktiven Wirksamkeitsbemühungen sind deshalb oft ein Fass ohne Boden.

Konstruktive Wirksamkeitsbemühungen bewirken im Gegenteil: Zufriedenheit, Befriedigung und Erfolg, manchmal auch Stolz. Allen konstruktiven Wirksamkeitserfahrungen und -bemühungen ist eigen, dass sie in Beziehungen stattfinden und in Beziehungen eingebettet sind und von ihnen getragen werden.

In der Begleitung hochbelasteter Kinder geht nichts »einfach so«, können wir die destruktiven Wirksamkeitsbemühungen nicht »einfach« in neue, in konstruktive umwandeln. Doch die Absicht muss darin bestehen, die destruktiven durch konstruktive Wirksamkeitsbemühungen praktisch zu ersetzen. Dies ist ein komplexer Prozess, der viele Auf und Ab beinhalten wird. Wenn Kinder und Jugendliche verstehen können, welche Erfahrungen, insbesondere Leere-Erfahrungen, sie in die destruktiven Wirksamkeitsbemühungen getrieben haben (ohne dass diese zu akzeptieren sind), dann ist dies eine große Unterstützung, um den Weg konstruktiver Wirksamkeitsbemühungen zu beschreiten. Oft beginnen diese mit kreativen, gestalterischen Erfahrungen. Zu malen oder ein Textilobjekt zu gestalten, bewirkt etwas, verändert etwas, ruft Interesse hervor, kann Kinder und Jugendliche stolz machen. Wer etwas in die Hand nimmt und gestaltet, geht nicht ins Leere, sondern wird konstruktiv. Gemeinsame Projekte in der Natur, beim Sport, bei Zirkusaktivitäten, Segeln oder beim Bau eines Bootes bestätigen dies. Solche neuen Erfahrungen der Wirksamkeit können den Unwirksamkeitserfahrungen ihre Kraft nehmen, können das leidvolle Erleben verwandeln und verändern. Dabei bedarf es wiederholender Erfahrungen.

In der Begleitung traumatisierter Kinder und Jugendlicher hat sich in den Erfahrungen des Instituts für Soziale Innovationen (ISI) in dem Konzept kreativer Stärkungsgruppen diese Orientierung bestätigt. Es ist sinnvoll und notwendig, altersgerecht und je nach den Möglichkeiten der Kinder und Jugendlichen ihnen kreative Aktionen anzubieten. Das kann vom Kampfsport bis zum Tanz, vom Musizieren als Rap-Gruppe bis zum Chorsingen, vom künstlerischen Gestalten bis zur Theateraufführung viele Wege nehmen. Oft gilt es, »klein« anzufangen, denn die Frustrationsgrenze der hochbelasteten Kinder und Jugendlichen ist gering. Sie »werfen leicht alles hin«. Es braucht Geduld und Ermutigung und es braucht Zähigkeit. Und noch einmal: Konstruktive Wirksamkeitserfahrungen dürfen nicht einmalig sein. Sie müssen sich wiederholen, sonst verpuffen sie. Kontinuität ist notwendig, denn die Erfahrungen der chronischen Unwirksamkeit waren auch kontinuierliche Erfahrungen. Dagegen helfen keine einmaligen Akte.

6.4 Quellen der Aggressivität, Umgang mit Aggressivität

6.4.1 Fluch und Segen der Aggressivität

Viele der hochbelasteten Kinder zeigen Formen aggressiven Verhaltens, unter denen sie und ihre Umwelt leiden. Auch wenn hochbelastete Kinder oft gleichgesetzt werden mit aggressiven Kindern, stimmt dies nicht. Aggressives Verhalten kann auch bei Kindern und Jugendlichen ohne hohe Belastungen auftreten. Doch die Häufung aggressiven Verhaltens bei hochbelasteten Kindern und Jugendlichen ist offensichtlich. Mir scheint es deshalb wichtig, in diesem besonderen Kapitel auf die aggressiven Gefühle und das aggressive Verhalten von Kindern und Jugendlichen einzugehen, denn es ist eine besonders verbreitete Form destruktiver Wirksamkeitsbemühungen.

Zunächst einmal ist es wesentlich festzustellen, dass aggressive Gefühle und aggressives Verhalten nicht unbedingt immer schlimm sind und nicht negativ bewertet werden müssen. Aggressiv zu sein heißt, etwas anzupacken, etwas zu verändern. Aggressive Gefühle sind Ärger, Wut, Zorn. Sie gehören zum menschlichen Gefühlsspektrum, zum menschlichen Leben. Welchen Sinn haben aggressive Gefühle? Sie sind Ausdruck davon, dass Menschen etwas verändern wollen. Wenn mich ärgert, dass ich meinen Schlüssel vergessen habe, dann möchte ich das verändern. Wenn es mich erzürnt, dass mich jemand entwürdigend behandelt, dann möchte ich dies abstellen. Ohne aggressive Gefühle keine Veränderung. Aggressive Gefühle weisen gezielt auf Veränderungen des eigenen Verhaltens oder von Menschen oder Gegebenheiten der Umgebung hin.

Wenn Kinder und Jugendliche sich ärgern oder zornig sind, dann wollen sie etwas verändern. Das ist zunächst einmal gut so. Wenn Kinder und Jugendliche ihre Aggressionen nicht zeigen dürfen, dann werden sie zu angepassten Duckmäusern erzogen, die sich unterordnen und alles als gegeben hinnehmen. Deswegen ist eine wohlwollende Haltung gegenüber aggressiven Gefühlen von Kindern (auch Erwachsenen) sinnvoll. Das ist der Segen der Aggressivität.

Doch es gibt auch einen Fluch. Dieser Fluch zeigt sich darin, dass Kinder und Jugendliche sowie Menschen in ihrer Umgebung unter aggressiven Gefühlen und Verhaltensweisen leiden. Diese können sich äußern in Schlägen, in Beißen, im Schreien, aber auch in Auto-Aggressivität, also in Aggressivität, die sich gegen sie selbst richtet. Es gibt stille Aggressivität und laute. Es gibt tätige Aggressionen und solche, die eher unscheinbar und leise daherkommen und dabei genauso verheerende Auswirkungen haben können.

Das Kriterium dafür, dass Aggressivität zum Fluch wird, ist das Leiden. Wenn Kinder Jähzorn-Attacken leben, dann leiden sie selbst darunter und ebenfalls die Menschen, mit denen sie leben. Wenn Kinder und Jugendliche nicht mehr aufhören können mit ihren Zornesausbrüchen, beginnt das Leiden. Wenn Kinder von anderen Kindern geschlagen oder beschimpft werden, dann leiden sie. Es gibt außerhalb des juristischen kein objektives Kriterium, das »normale« Aggressivität zu einer »unnormalen« oder »überbordenden« Aggressivität werden lässt. Das Kriterium ist und bleibt subjektiv das *Leiden* der Menschen. Dies ist wichtig zu wissen und ernst zu nehmen.

6.4.2 Quellen überbordender Aggressivität

Wenn Kinder oder Jugendliche unter ihrer Aggressivität leiden und wenn ihre Umgebung darunter leidet, dann handelt es sich um eine überbordende Aggressivität, eine Aggressivität, die oft über den Anlass hinausgeht, die keine Grenzen hat oder zu wenige Grenzen kennt. Überborden ist nicht gleichzusetzen mit maßlos. Gefühle haben per se kein Maß. Das gehört zu ihrer »Grammatik.«[25] Wann ist Trauer »genug«? Wie stark darf eine Sehnsucht sein? Wie sehr darf man sich ärgern? Gefühlen wohnt immer etwas Maßloses inne. Das Maß, das ich als Erwachsener habe, muss nicht dem individuellen Maß des Kindes oder des Jugendlichen entsprechen.

Doch gibt es grenzenlose, überbordende, also über die Grenzen hinausgehende Gefühle, Ausdrucksweisen und Verhalten. Dafür gibt es, wie erwähnt, kein »objektives« Maß. Das Leiden ist das entscheidende Maß.

Quellen überbordender Aggressivität können sehr vielfältig sein. Selbstverständlich gehören dazu die vier Monster der Entwürdigung, die ich im ersten Kapitel des Buches beschrieben habe. Das Spektrum geht jedoch darüber hinaus. Die folgende Liste ist nicht vollständig, sondern soll Sie an meinen Erfahrungen teilhaben lassen und anregen, nach den individuellen Quellen aggressiven Verhaltens jedes Kindes, jedes jungen Menschen zu schauen.

- Oft sind Kinder überfordert. Oft gibt es Belastungen, die sich addieren, große wie kleine. Manchmal kann der Leistungsdruck in der Schule belasten, manchmal die Sorge um die kranke Oma und manchmal Familiengeheimnisse, die bewahrt werden müssen. Welche Überforderungen auch immer, welche Belastungen auch immer, es geht darum, genau hinzuschauen.

25 Baer, U.; Frick-Baer, G. (2017): Das große Buch der Gefühle. Weinheim

- Bei vielen Kindern, die ich begleitet habe und die überbordende Aggressivität zeigen, stellte sich heraus, dass es einen Druck der Eltern gibt, der als Quelle zu betrachten ist. Manchmal wird dieser Druck ausgesprochen, oft »liegt er in der Luft«. In der Aggressivität entlädt sich die Spannung des Kindes.
- Insbesondere Kinder, die als geflüchtete Menschen ihre Heimat verloren haben, sind in ihrer Identität verunsichert: Wer bin ich? Wo komme ich her? Wozu gehöre ich? Auch dies kann sich in Aggressivität äußern.
- Viele hochbelastete Kinder kennen als Gefühlsausdruck nur, dass sie selbst geschlagen oder brutal behandelt wurden. Wenn sie dann selbst aggressive Gefühle zeigen wollen, dann zeigen sie sie mit Gewalttätigkeit und Verrohung, weil sie keine anderen Vorbilder haben.
- Wenn Kinder und Jugendliche traumatisiert sind, kann eine Bewältigungsstrategie darin bestehen, jeder möglichen Bedrohung zuvorzukommen und allen potenziellen oder vermeintlichen Bedrohungen schon mit Aggressivität zu begegnen.
- Wenn bestimmte Aspekte des Lebens, das gelebt werden will, nicht gelebt werden, dann kann sich das vor allem in Jähzorn-Attacken ausdrücken. Was jeweils ungelebt ist, kann individuell sehr unterschiedlich sein, von der Zärtlichkeit bis zum wilden Toben …
- Wenn die Eltern der Kinder suchtabhängig sind oder Jugendliche selbst zu Suchttendenzen neigen, dann können sich neben dem völligen Verstummen und Rückzug auch aggressive Ausbrüche als Symptom äußern.
- Die Erfahrung von Schutzlosigkeit kann ebenfalls in aggressivem Verhalten explodieren.
- Wer sich lange Zeit als wirkungslos erlebt hat und entsprechende Erfahrungen machen musste, kann, wie beschrieben, versuchen, Wirksamkeit aggressiv zu erzwingen.
- Manche Menschen sind dünnhäutiger als andere. Viele Eindrücke strömen auf sie ein, ungefiltert, und überlasten sie. Das kennen auch

erwachsene Menschen. Wenn sie auf der einen Seite Radio hören und gleichzeitig am Computer spielen und dann möchte jemand anderes etwas von ihnen und es kommt noch ein Anruf …, dann entsteht ein überforderndes Rauschen, bei dem die Impulse von außen nicht mehr gewichtet werden können. Das kann in aggressives Verhalten münden.

- Wenn Kinder und Jugendliche fortdauernd frustriert sind, weil sie die Sprache nicht gut lernen, weil sie schlechte Noten bekommen haben, weil sie nach einem Umzug keine Freunde/Freundinnen finden …, dann kann dies auch zur Aggression führen.
- Gefühle können »umgetauscht« werden, auch das gehört zur »Grammatik der Gefühle«. Wenn beispielsweise die Trauer über den verstorbenen Großvater nicht gelebt werden kann, dann kann daraus Aggressivität entstehen. Der Umtausch solcher Gefühle geschieht nicht bewusst, sondern unbewusst. Wenn für aggressives Verhalten und starke aggressive Gefühle keine Quellen zu identifizieren sind, ist es sinnvoll, danach zu fragen, ob sich andere Gefühle dahinter verbergen, die umgewandelt, umgetauscht worden sind.
- Wenn Kinder oder Jugendliche verwirrende oder Doppelsignale erhalten von Lehrenden, Erziehenden, Eltern oder anderen Menschen, dann fühlen sie sich oft wie im Nebel und orientierungslos. Aggressives und manchmal auch gewalttätiges Verhalten kann ein Versuch sein, diesem Nebel zu entfliehen.

Diese und andere Quellen von Aggressivität zu erkunden und zu identifizieren, ist die Voraussetzung dafür, mit aggressivem Verhalten individuell angemessen umzugehen. Wenn Aggressivität zum Beispiel Ausdruck von Trauer ist, die nicht ausgedrückt und nicht geteilt werden kann, dann werden Sie damit anders umgehen, als wenn sie aus Überforderungen, z. B. aus schulischem oder elterlichem Druck heraus, entsteht. Deshalb sollte für jedes aggressive Kind versucht werden, die Quellen aufzuspüren. Und zwar *bevor* über disziplinarische Maßnahmen, Regeln oder Strafen gesprochen wird!

6.4.3 Erregungsdiagnostik

Wenn ein Kind oder ein Jugendlicher einen Ausbruch überbordender Aggressivität zeigt, dann gibt es dafür nicht nur Quellen, sondern auch eine phänomenologisch wahrzunehmende kurzzeitige Vorgeschichte. Aggressive Ausbrüche sind Erregungsexplosionen, mehr oder weniger heftig. Deswegen ist es sinnvoll zu versuchen, den Verlauf des Erregungsanstieges zu beobachten. Nehmen wir ein Beispiel:

> Ö. geht in die sechste Klasse einer Gesamtschule. Scheinbar aus heiterem Himmel springt sie während des Unterrichtes auf und geht auf eine Mitschülerin zu. Sie fegt deren Hefte vom Tisch und schreit sie lautstark an. Dieser Ausbruch ist nur der Höhepunkt und die dritte Phase ihres Erregungsverlaufs, der in dieser Explosion mündet. Es begann damit, dass Ö. sich nicht mehr am Unterricht beteiligte. Sie schaute nicht mehr zur Lehrerin oder zu den anderen, sondern ihr Blick richtete sich nach innen und wurde starr. Irgendwann stieg ihre Erregung und ging von der Vorbereitungsphase in die Steigerungsphase über, in die Phase 2. Innerlich stieg ihr Druck. Ihre Haltung wurde immer gespannter. Ihr linkes Bein begann zu zittern und zu wippen. In beiden Phasen fiel Ö. nicht auf, weil andere Kinder die Aufmerksamkeit der Lehrerin auf sich zogen. So steigerte sich ihre innere Erregung, bis es schließlich zu dem Ausbruch kam.

Der Erregungsanstieg, der zu einem aggressiven Ausbruch führt, ist nicht immer und erst recht nicht leicht zu bemerken. Und doch sollte unsere Aufmerksamkeit dorthin gehen, um möglichst frühzeitig zu intervenieren. Hilfreich kann es deshalb sein, sich mit den unterschiedlichen Phasen des Erregungsanstiegs zu beschäftigen.

Phase eins ist bei Kindern und Jugendlichen meist nur schwer wahrzunehmen. Und doch lohnt sich der Versuch. Häufige Anzeichen sind veränderter Blickkontakt: Der Blick schweift ab, wirkt leer und geht nach innen. Manche Kinder verstummen, während andere zappeln. Die Körperhaltung kann sich verändern. Manche Kinder und Jugend-

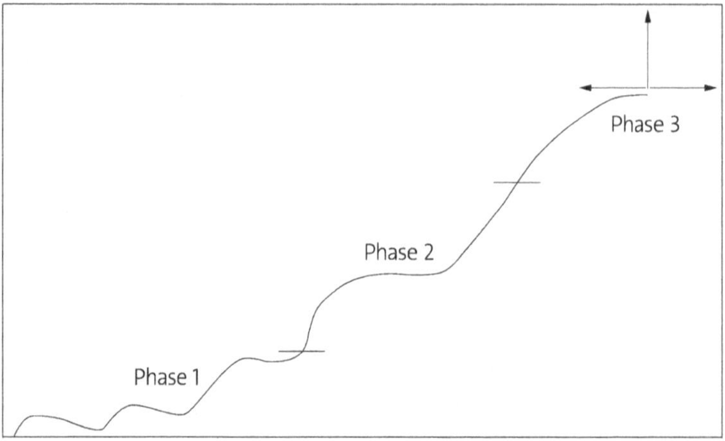

liche neigen dazu, Themen grenzenlos »auszudiskutieren« und können damit gar nicht aufhören, was auch ein Zeichen ansteigender Erregung sein kann.

Wenn Sie den Erregungsanstieg eines Kindes in dieser Phase bemerken, dann ist es hilfreich, dass Sie das Kind konkret und interessiert fragen, was mit ihm »los ist«. Sie können auch kurze Pausen mit dem Kind vereinbaren oder eine Spielsituation schaffen, die das Kind hervorhebt und ihm eine besondere Aufgabe stellt. Auch Ihr Lob ist sinnvoll, wenn es konkret und nicht aufgesetzt ist. Bei manchen Kindern und Jugendlichen ist auch eine körperliche Berührung möglich. In jeder Form geht es darum, dass Sie mit dem Kind in Beziehung gehen, Kontakt aufnehmen, eine Verbindung herzustellen versuchen.

Die zweite Phase zeichnet sich durch einen häufig sichtbaren Anstieg der Erregung aus. Der Druck, der sich im Kind aufbaut, und die steigende Erregung zeigen sich zum Beispiel in Veränderungen des Tempos, in der Dynamik der Bewegung, im Ausdruck von Beleidigungen oder auch in der Verweigerung von Aktivitäten. Bei manchen Kindern und Jugendlichen äußert sich der Erregungsanstieg sehr offensiv und extrovertiert. Andere ziehen sich eher zurück und verstummen. Auch in dieser Phase des kindlichen Erregungsverlaufs können Sie hilfreich intervenieren, indem Sie Kontakt aufnehmen über Blicke, über Fragen und Worte, über besondere Angebote. Manchen Kindern hilft es, wenn Sie ihnen eine Rückzugsmöglichkeit anbieten oder sie einladen, zum Beispiel sich im Freien fünf Minuten zu bewegen und danach wieder in den Gruppenkontakt zu kommen.

Steigert sich die Erregung weiter, mündet sie in die dritte Phase, in die Eskalation und Explosion. Hier sind die Phänomene deutlich sicht- und spürbar. Hier leiden Kinder, Jugendliche und andere Beteiligte unter dem aggressiven Ausbruch und dessen Folgen. Hier werden Sie »Stopp« sagen und zu deeskalieren versuchen. Auch hier ist es wichtig, in Kontakt und Verbindung zu bleiben.

Damit der Erregungsverlauf nicht zu einer Explosion führt, ist es notwendig, bei Kindern, denen dies häufiger widerfährt, vorher schon solche Prozesse zu besprechen. Woran merkst du, dass sich so ein Ausbruch vorbereitet? Woran kann ich das merken? Was brauchst du dann? Was können wir verabreden? Welche Zeichen, welche Auszeiten, welche Regeln usw.? Mit vielen Kindern gelingt dies, denn auch sie leiden unter ihrem Verhalten und wollen es ändern.

Dieser gesamte Weg des Erregungsverlaufes ist ein Weg in die Einsamkeit. In den Kindern staut sich etwas auf, und sie schaffen es nicht, damit in Verbindung zur Welt, zu anderen Menschen zu treten. Diese Vereinsamung wird begleitet von Verunsicherung und oft Verzweiflung, die sich dann in aggressivem Verhalten entlädt. Um den Erregungsverlauf, der zu aggressiven Ausbrüchen führt, zu erkennen und auch angemessen pädagogisch zu begleiten, ist es unbedingt notwendig, ihn als Vereinsamungsprozess zu erkennen und zu verstehen. Jeder Schritt, der diesen Verlauf bremst oder abbrechen kann, ist im Kern ein Begegnungsangebot, eine Kontaktaufnahme, eine Hilfestellung, um das Kind aus der verzweifelten Vereinsamung herauszugeleiten.

6.4.4 Deeskalation

Der erste Schritt im Prozess der Deeskalation besteht wie beschrieben darin, die Hinweise wahrzunehmen, dass sich in einem Kind oder Jugendlichen ein Erregungsanstieg abzeichnet. Egal ob in Phase eins oder zwei, wenn Sie solche Phänomene wahrnehmen und darauf reagieren, ist dies der Anfang einer Deeskalation.

Die zweite Ebene der Deeskalation besteht darin, Begegnungsangebote zu machen. Sprechen Sie das Kind oder den/die Jugendliche/n mit ihrem Namen an. Teilen Sie mit, was Sie wahrnehmen. Fragen Sie, was der Junge oder das Mädchen braucht. Machen Sie Vorschläge, die angenommen oder abgelehnt werden können. Schaffen Sie eine Verbindung.

Wie schon in der Beschreibung der drei Phasen der Erregungseskalation aufgezeigt, sind solche Angebote Wege aus dem Einsamkeitstunnel.

Die dritte Ebene der Deeskalation besteht darin, dass Sie alles tun, was Erregung reduziert. Gehen Sie mit dem Kind umher. Bieten Sie ein Getränk an. Achten Sie auf die Atmosphäre in der Umgebung. Geben Sie ihm Möglichkeiten des Abstandes und dergleichen mehr.

Die vierte Ebene der Deeskalation besteht im »Talking down«. Verwickeln Sie das Kind oder den Jugendlichen in ein Gespräch, möglichst konkret, möglichst fragend mit Ich-Sätzen und nicht mit Man-muss-Äußerungen, und reden Sie, reden Sie, reden Sie. Reden Sie nicht gegen das Kind »an« und bleiben Sie nicht auf der Ebene der Vernunft, denn für diese sind die Kinder meist nicht zugänglich. Wenn Kinder oder Jugendliche zornige Äußerungen von sich geben, dann greifen Sie diese auf und fragen dann konkretisierend nach. Dies ist insbesondere im Übergang der Erregungsphase von zwei zu drei vonnöten, also bevor sich die Erregung in aggressiven Handlungen äußert. Man sagt in der Deeskalationsforschung: »Wer redet, schlägt nicht.« Das gilt nicht immer, aber reden hilft fast immer.

Wenn Aggression sich abzeichnet oder ausbricht, ist es wichtig, eine klare Haltung einzunehmen. Wenn Sie wollen, dass ein Kind oder Jugendlicher mit einer aggressiven Handlung aufhört, dann sagen Sie laut, klar und deutlich: »Stopp!« Also keine Konjunktivsätze oder Fragen oder Verpackungen von Forderungen wie zum Beispiel: »Könntest du bitte aufhören!« Ist das eine Frage? Ist das eine Erwartung? Ist das ein Wunsch? Nein, es ist eine verpackte Forderung. Seien Sie klar und deutlich! Richten Sie sich auf! Halten Sie Sicherheitsabstand und gehen Sie auf Augenhöhe und suchen Sie Blickkontakt.

6.5 Verkehrsschilder und Stopp-Übungen

Wie wir gesehen haben, werden hochbelastete Kinder und Jugendliche oft aggressiv, wenn sie sich angegriffen und überfordert fühlen. Das Gefühl der Wirkungslosigkeit, das dem häufig zugrunde liegt, führt zu Erregungen mit unterschiedlichen Folgen. Die Quelle der Erfahrungen der Unwirksamkeit besteht meist darin, dass diese Kinder und Jugendlichen keine Chance hatten, Übergriffe abzuwehren. Deswegen ist es hilfreich und sinnvoll, dass sie üben, »Stopp« zu sagen.

Üben Sie dies mit einzelnen oder mehreren Kindern in der Gruppe. Jedes Kind sagt »Stopp«, und Sie geben Rückmeldungen, ob dieses »Stopp« ankommt, ob es zu stark oder zu schwach ist, zu laut oder zu leise. Kinder haben oft das Stopp-Sagen verlernt, und es ist notwendig, dies als Teil einer neuen Sprache neu zu lernen.

Es gibt auch Verkehrsschilder, die »Stopp« bedeuten, zum Beispiel: Einfahrt verboten oder für Radfahrer verboten oder …

Bitten Sie die Kinder und Jugendlichen, Verkehrsschilder auf Papier zu malen. Nicht die Verbots- und Gebotsschilder, die es auch im Straßenverkehr gibt, sondern eigene. Fordern Sie sie auf, eigene Verkehrsschilder zu gestalten.

E. malte ein großes Verkehrsschild, das er an seine Zimmertür hängte. Auf dem stand:

Eintritt für Erwachsene verboten!

Auf L.'s Schild stand: Eintritt nur mit Lächeln!

6.6 Beziehungswirksamkeit

Die Beziehungswirksamkeit ist die wichtigste Ebene von neuen Wirksamkeitserfahrungen. Es waren Menschen, die den Kindern und Jugendlichen Gewalt angetan haben. Es waren Menschen, die sie ins Leere haben gehen lassen, die sie erniedrigt oder beschämt haben. All diese Erfahrungen sind Beziehungserfahrungen, und, wie gesagt, Beziehungsleid braucht Beziehungsheilung. Es ist ein guter und ein notwendiger Schritt, mit Materialien konstruktive Wirksamkeitserfahrungen zu üben. Die entscheidende Hilfe, die hochbelastete Kinder und Jugendliche brauchen, gehen darüber hinaus, sind konstruktive Beziehungserfahrungen.

Dazu gehört, dass wir Erwachsenen die Kinder ernst nehmen. Dass wir ihnen zuhören. Auch dass wir bei schrägen und verletzenden Verhaltensweisen versuchen, den Sinn zu verstehen, der zu diesem Verhalten geführt hat. Dazu gehört auch, dass wir uns als Menschen mit unseren Vorstellungen, Befindlichkeiten, Haltungen nicht heraushalten. Wir müssen uns nicht in allem offenbaren, aber wir sollten greifbar sein und wahrhaftig, also vertrauenswürdig.

Oft gelingt dies den hochbelasteten Kindern und Jugendlichen nicht, sich im Tempo unserer Erwartungen solch neuen Beziehungserfahrungen zu öffnen. Oft sind sie zu verletzt und demzufolge zu misstrauisch geworden, als dass sie bereit sein könnten, das Risiko neuer Erfahrungen einzugehen. Deswegen, auch hier wiederhole ich mich, werden den Menschen, die sich um dieses Beziehungsangebot bemühen, zunächst Misstrauen und Abwehr entgegentreten. Dies müssen wir aushalten UND gleichzeitig zeigen, dass uns das möglicherweise verletzt.

Wenn Kinder und Jugendliche noch nicht in der Lage sind, sich auf neue Beziehungserfahrungen mit Menschen einzulassen, dann hilft oft die Begegnung mit Tieren. Sich einem Pferd, einem Esel, einem Hund oder einer Katze zu nähern, ist für viele dieser Kinder und Jugendlichen einfacher, als dass sie dies mit Menschen wagen könnten. Die Tiere haben ihnen nichts getan. Die Tiere wirken zumindest offen und ehrlich und nehmen Nähe-Bekundungen dankbar an. Deswegen empfehle ich, die Begegnung mit Tieren als wichtiges Lernfeld für konstruktive Wirksamkeitserfahrungen den hochbelasteten Kindern und Jugendlichen zu erlauben und anzubieten.

Doch parallel dazu wird es und muss es weiterhin zwischenmenschliche Beziehungserfahrungen geben, die möglichst konstruktive Wirksamkeitserfahrungen beinhalten. Die Kinder und Jugendlichen erfahren und lernen dadurch, dass sie es wert sind, angehört und ernst genommen zu werden, dass ihre Bemühungen um Wirksamkeit Folgen für andere Menschen haben. Ich verfolge dabei die »eindeutige Doppelhaltung«: Ja, ich akzeptiere dein Misstrauen. Ja, ich respektiere deinen Rückzug und deine Unsicherheit. Ja, ich respektiere auch deine Ängstlichkeit, vielleicht sogar deine Aggressivität, UND ich biete mich dir an. Ich biete dir an, mit mir wahrhaftige Erfahrungen zu machen. Du bist es mir wert, dass du wirksam bist. Diese Doppelhaltung bezeichne ich als »eindeutig«, weil sie klar und deutlich ausgesprochen werden muss. Kein Konjunktiv, kein Zögern, kein Wischiwaschi, sondern Klarheit und Transparenz in der Beziehung. Das ist das, was die Kinder brauchen. Getäuscht oder in Unsicherheit gelassen worden sind sie schon oft genug.

Auch dieser Weg ist keiner von Tagen oder Wochen, sondern je länger und tiefer und selbstverständlicher die Hochbelastungen für die Kinder und Jugendlichen geworden sind, desto mehr Geduld und Beharrlichkeit braucht es in dieser Haltung.

7 Der siebte Weg: Das große UND

7.1 Widersprüchlichkeiten akzeptieren und leben

Das Erleben hochbelasteter Kinder ist voller Widersprüche. Ihr Verhalten ebenfalls.

L. kommt neu in eine Wohngruppe. Sie wurde, als sie drei Jahre alt war, von der Mutter »weggeschickt«, wie L. sagte. Sie findet das unmöglich. Sie hasst ihre Mutter, und sie liebt sie. Sie hat sporadisch Kontakt. Danach geht es ihr immer schlecht. Aber sie will immer wieder zur Mutter. L. kam dann in eine Pflegefamilie. Auch hier hatte sie einerseits Halt und mochte die neuen Pflegeeltern, UND gleichzeitig rebellierte sie gegen sie. Nichts konnten sie richtig machen. Immer wieder musste L. anecken, streiten, kämpfen. Und nun ist sie in die Wohngruppe »versetzt« worden, wie sie sagt. Und alles beginnt von vorn.

L. selbst mag sich nicht dafür, dass sie so hin- und hergerissen ist. Sie hätte ihre Welt und ihre Gefühle lieber klar und eindeutig. Aber gegen ihre Widersprüche kommt sie nicht an.

Nicht nur bei hochbelasteten Kindern und Jugendlichen ist das Leben und Erleben widersprüchlich, für alle Menschen gilt dies. Wir sehnen uns alle nach Eindeutigkeit und Beständigkeit, doch das Leben hält noch anderes für uns bereit. Meines Erachtens ist es wichtig, dass wir die Widersprüchlichkeit des Lebens und die Dialektik des Erlebens anerkennen und akzeptieren. Wenn wir bei uns selbst oder bei Kindern und Jugendlichen gegen diese Widersprüchlichkeit ankämpfen, wird sie meist nur noch stärker. Deswegen bin ich der Überzeugung, dass hochbelastete Kinder und Jugendliche das große UND brauchen, auf das ich schon mehrmals hingewiesen habe.

L. zum Beispiel braucht die Erlaubnis, ihre Mutter lieben zu dürfen UND gleichzeitig tief enttäuscht und misstrauisch zu sein, dass die Mutter überfordert war und sie sie nicht bei sich behalten konnte. Gegenüber den Pflegeeltern gilt: Ja. Sie sind nicht ihre wirklichen Eltern, UND sie kümmern sich und versuchen, so gut es geht, Geborgenheit und Halt zu vermitteln. Auch in der neuen Wohngruppe war L. neugierig auf die neuen Leute, UND sie war misstrauisch, was sie dort erwartet, und verzweifelt, dass sie sich schon wieder in eine neue Umgebung einleben musste. Dies auszusprechen, beseitigt nicht die Widersprüche, macht sie aber zumindest erträglich und schafft einen Boden, um einen Weg zu finden, mit diesen Widersprüchen zu leben.

L. konnte in der Wohngruppe keinen Frust aushalten. Sie wurde dann unruhig. Dann kam das »Wibbeln im Kopf«, wie sie es nannte. Sie riss die Fäuste hoch und begann unruhig zu kämpfen. »Guckt nicht so blöd. Fasst mich ja nicht an, ihr Vollidioten!« Manchmal schlug sie um sich.
Die Sozialpädagogin in der Wohngruppe sagte zu L.: »Ich will deine Aggressivität nicht. Ich will nicht von dir geschlagen werden, UND ich will mit dir hier gut zusammenleben. Ich will, dass du hierbleibst und dass wir gemeinsam einen Weg für ein gutes Leben finden.« Das wiederholte sie immer wieder. Es kam an, auch wenn L. das zunächst nicht zeigen konnte. Irgendwie entstand über die ersten Wochen hinweg ein gemeinsamer Boden zwischen dieser Kollegin und L.
Die Sozialpädagogin fragte L.: »Was kommt denn vor dem ›Wibbeln‹?« L.s Antwort hieß erst: »Nichts! Gar nichts!« Doch die Sozialpädagogin blieb hartnäckig und fragte weiter nach: »Wie fängt es denn an?« Schließlich fiel L. auf: »Da steigt so was auf. So'n Druck in der Brust und im Hals.« Sie probierten, was den Druck verringern könnte, und fanden heraus: Es half, wenn L. und die Sozialpädagogin sich fest an den Händen fassten und »wie zwei junge Panther« anzischten. Warum das half, wussten sie nicht. War ja auch egal: es half.

Gegen Druck und inneren Druck hilft drücken. Doch der Anfang der Veränderung bestand darin, dass die Sozialpädagogin und auch L. ihre eigenen inneren Widersprüchlichkeiten akzeptieren lernten und sich auch gegenseitig mitteilten. Das schuf den Boden. »Ich will deine Aggressivität nicht, aber ich will dich. Ich will mit dir hier gut zusammenleben!« Das war der Anfang, die Voraussetzung, der Boden.

In vielen Bereichen ist es sinnvoll, ein *Entweder-oder* durch ein *Sowohl-als-auch*, also durch das große UND, zu ersetzen. Dies gilt bei hochbelasteten Kindern insbesondere, weil diese zu einer besonderen Radikalität neigen. Sie haben selbst radikale Entwürdigung erfahren. Das tragen sie weiter, und deswegen sind sie oft nicht in der Lage, manche Verhaltensweisen bei sich und bei anderen nebeneinander stehen zu lassen.

Es ist mir ein großes Anliegen, für eine Haltung des großen UND zu werben. Sie ist oft ein Schlüssel für eine pädagogische Unterstützung der hochbelasteten Kinder und Jugendlichen. Doch auch hier gibt es ein UND. Es gibt Aspekte des Lebens und Verhaltens, für die kein *Sowohl-als-auch*, kein UND gilt. Das sind alle Handlungen, die Kinder und Jugendliche (und auch Erwachsene!) entwürdigen. Wenn Kinder geschlagen werden, dann gibt es dort kein UND, sondern dann muss es ein ganz radikales Nein und Stopp geben. Die Haltung des großen UND ist auch nicht so zu verstehen, dass wir akzeptieren sollten, wenn Kinder und Jugendliche – aus welchen Gründen auch immer – uns erwachsene Begleitpersonen verletzen: »Ich will von dir nicht verletzt werden! Du schlägst mich nicht. Nie mehr. Das verlange ich von dir, weil mich das verletzt!« Hier gibt es kein *Sowohl-als-auch*. Alles, was entwürdigt, braucht ein Stopp, eine ganz klare Haltung. Auch wenn die Entwürdigung von Kindern und Jugendlichen ausgeht. Die Kinder und Jugendlichen haben so viel Entwürdigung erfahren, dass sie diese parteiliche Haltung benötigen und brauchen. Ich bin nicht parteilich für alles, was die Kinder und die Jugendlichen tun, und genauso wenig parteilich für alle Regeln der Erwachsenenwelt. Ich bin parteilich gegen die Entwürdigung.

7.2 Partielle Offenheit

Hochbelastete Kinder und Jugendliche sind zumeist ihr Leben lang getäuscht, belogen und betrogen worden. Ob dies mit Absicht geschah oder den Umständen geschuldet war – es wurde von den Kindern als Verrat und Betrug erlebt. Sie brauchen Wahrhaftigkeit wie die Luft zum Leben.

Ich vertrete und empfehle das Prinzip der partiellen Offenheit (in Anlehnung an Ruth Cohn[26]). Es beinhaltet: Alles, was ich den Kindern und Jugendlichen gegenüber sage und mitteile, sollte wahrhaftig sein. Aber ich teile nicht alles mit. Auch wir als erwachsene Begleiter, Eltern, Erzieher/innen, Lehrer/innen haben ein Recht auf Intimität, und wir dürfen und sollen auswählen, was wir teilen und was nicht. Genauso gut haben die Kinder und Jugendlichen ein Recht auf Intimität und dürfen ihre Geheimnisse schützen und bewahren. Doch alles, was wir mitteilen, sollte wahrhaftig sein, ehrlich, vertrauenswürdig sein, immer nach bestem Wissen und Gewissen.

Nur so können die Kinder und Jugendlichen neue Erfahrungen machen, die mit dem Vertrauen in andere neues Selbstvertrauen wachsen lässt.

7.3 Synchrontransfer

Auch in den Beziehungen zwischen den hochbelasteten Kindern und Jugendlichen und deren erwachsenen Begleiter/innen existiert ein großes UND. Wir Erwachsene unterscheiden uns von den Kindern und Jugendlichen. Wir sind älter, erfahrener, haben einen Vorsprung an Kompetenz und Wissen. Diese Unterscheidung bedeutet, dass wir uns nicht auf gleicher Augenhöhe befinden (was aber kein Widerspruch

---

26 u. a. Cohn, R. (2018): Von der Psychoanalyse zur themenzentrierten Interaktion. Von der Behandlung einzelner zu einer Pädagogik für alle. Stuttgart

dazu ist, den Kindern und Jugendlichen mit Würde, Respekt und Achtung zu begegnen).

UND daneben gibt es Gemeinsamkeiten. Auch wir waren Kinder. Auch wir haben vielleicht Ähnliches erlebt, nicht das Gleiche und wahrscheinlich nicht in der gleichen Intensität. Aber es gibt Ähnlichkeiten in Lebenserfahrungen und Lebensgefühlen. Diese synchronen Erfahrungen zu entdecken und für die Begleitung hochbelasteter Kinder und Jugendlicher nützlich zu machen, nenne ich Synchrontransfer. Wenn Sie dem auf die Spur kommen wollen, schlage ich Ihnen eine kleine Erfahrungseinheit vor:

Teilen Sie einen Raum mit zwei Seilen oder einer Schnur oder Decken in drei Teilräume. Die erste Fläche ist der Raum ähnliche Erfahrungen. Wenn Sie ihn betreten, überlegen Sie, welche ähnlichen Erfahrungen Sie mit dem Kind oder Jugendlichen teilen. Nehmen Sie in diesen Raum mehrere DIN-A4-Blätter mit und schreiben Sie auf, was Ihnen in den Sinn kommt. Vielleicht ist es die Erfahrung, ins Leere gegangen zu sein. Vielleicht kennen Sie Druck oder Hilflosigkeit. Vielleicht begegnen Ihnen auch Einsamkeit, ungelebte Trauer, Scham und Schuldgefühle … . Vielleicht fallen Ihnen auch positive Erfahrungen ein. Für die Erfahrungen, die Ihnen jetzt nicht bewusst sind, skizzieren Sie ein Blatt als Joker, der all das enthält, was zur Zeit nicht ins Bewusstsein dringt.

Es ist hilfreich, diese kleine Übung mit einer Kollegin oder einem Kollegen durchzuführen. Sprechen Sie darüber. Fragen Sie nach. Konkretisieren Sie möglichst das, was jetzt in diesem Raum entstanden ist.

Dann begeben Sie sich in den mittleren Raum. Dort lautet die Frage:

Wie sind Sie aus dem, was Sie in dem ersten Raum als belastendes Erleben skizziert haben, herausgekommen?

Was hat Ihnen geholfen?

Und wenn Ihnen nichts oder niemand geholfen hat, lautet die Frage: Was hätten Sie gebraucht?

Auch hier ist es sinnvoll, sich zu zweit darüber auszutauschen, nachzufragen, Worte zu finden …

Nehmen Sie nun ein oder mehrere DIN-A4-Blätter und schreiben Sie auf oder malen Sie, was Ihnen geholfen hat oder was Sie gebraucht hätten.

Nun begeben Sie sich in den dritten Raum. Hier geht es darum, Schlussfolgerungen aus den Erfahrungen der ersten beiden Räume zu ziehen: Was können Sie aus diesen Erfahrungen, aus Ihrer persönlichen Lebensgeschichte dem Kind oder Jugendlichen bieten? Seien Sie auch hier möglichst konkret. Überlegen Sie. Reden Sie mit anderen. Skizzieren Sie. Schreiben Sie auf. Malen und gestalten Sie … .

Dieser Synchrontransfer eröffnet neue Blickweisen der Begegnung. Wenn Sie etwas mit einem Kind, das Sie begleiten, gemeinsam haben, heißt dies nicht, dass Sie damit Ihre Autorität, Ihre Erfahrungen, Ihre Kompetenzen infrage stellen und die Unterschiede zwischen Ihnen und dem Kind verwischen. Es bedarf weiterhin des Unterschiedes, UND es ist hilfreich, wenn Sie synchrone Erfahrungen kennenlernen und nützlich machen für die Begleitung des Kindes oder Jugendlichen.

7.4 Die Beziehungsraute

Wenn wir Erwachsene hochbelastete Kinder und Jugendliche begleiten, dann vereinen wir in uns ebenfalls viele UND. Wir zeigen Halt, Fürsorge, Mitgefühl UND weisen auf klare Grenzen hin. Doch das große UND zeigt sich nicht nur in unserem Verhalten, sondern auch in unserer Person, darin, wie wir von den Kindern und Jugendlichen gesehen und erlebt werden. Damit dies verständlich gemacht werden kann, möchte ich das Bild der Beziehungsraute vorstellen.

Sie beginnt damit, dass sich zwei Menschen begegnen und möglicherweise daraus eine längerfristige Beziehung entsteht. Das Kind wird mit K bezeichnet, der Erwachsene mit E. Beide beziehen sich aufeinander, befinden sich in Interaktion.

K ←——————→ E

Dabei tritt die erwachsene Person dem Kind immer auch mit ihren biografischen Vorerfahrungen gegenüber. Insbesondere mit den kindlichen Erfahrungen, auf die ich im letzten Kapitel hingewiesen habe: in der Grafik bezeichnet als E_k (E = Erwachsene, k = kindlich)

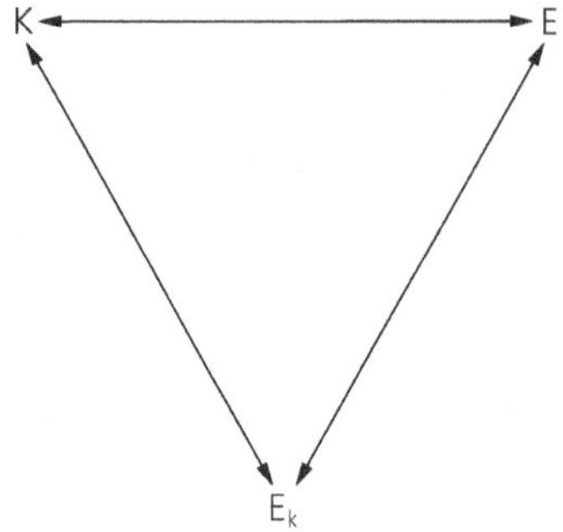

Das Kind begegnet nicht nur der erwachsenen Person im Hier und Jetzt, sondern auch den kindlichen Verletzungen und Heilungserfahrungen, den ernsten wie spielerischen Anteilen des erwachsenen Menschen.

Und gleichzeitig hat das Kind Vorerfahrungen mit anderen Erwachsenen, Eltern, anderen Verwandten, Erziehenden, Erzieher/innen, Lehrer/innen, Sozialarbeiter/innen und Sozialpädagogen/innen usw.

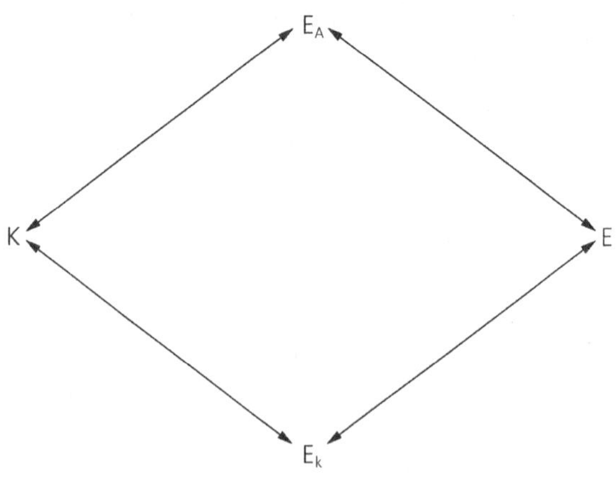

Die erwachsene Begleitperson ist für das Kind nicht nur der Mensch im Hier und Jetzt, sondern steht immer auch in der Stellvertreter- bzw. Übertragungsrolle anderer.

Nennen wir Sie E und A für die anderen Erwachsenen. Sie als erwachsene Begleitperson hochbelasteter Kinder und Jugendlicher repräsentieren für das Kind also immer auch ihr eigenes kindliches Selbst so wie andere Erwachsene, mit denen das Kind oder der Jugendliche Erfahrungen gemacht hat. Sie selbst haben dabei zwei Übertragungsrollen. Sie stehen für das Leid, das andere Erwachsene dem Kind oder Jugendlichen zugefügt haben, und Sie repräsentieren das Sehnsuchtsobjekt, die erwachsenen Personen, nach denen sich das Kind vergeblich gesehnt hat. Die erwachsene Person E muss deshalb ergänzt werden mit einem L für Leid und einem S für Sehnsucht.

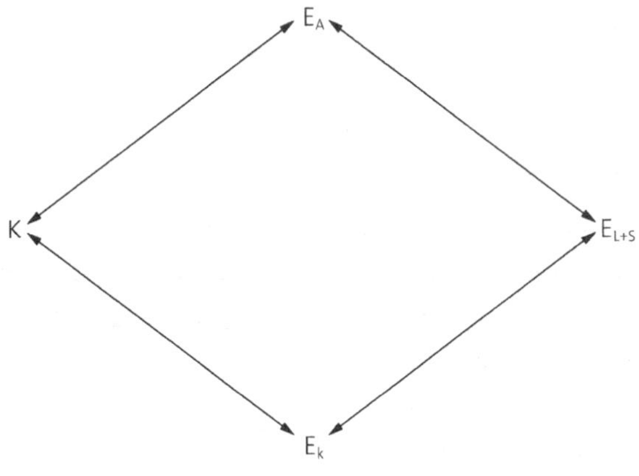

Meine Erfahrung aus eigener Praxis und vielen Beratungen und Supervisionen zeigt, dass dieses Modell der Beziehungsraute vielen erwachsenen Menschen, die hochbelastete Kinder und Jugendliche begleiten, hilft. Sie können deshalb die unterschiedlichen Aspekte, die ihnen von Kindern und Jugendlichen entgegengebracht werden, und ihre verschiedenen eigenen Regungen besser mit einem großen UND verbinden.

7.5 Das UND-Triptychon

Im kreativen Gestalten können widersprüchliche Prozesse gut mit der Form eines Triptychons dargestellt und ausgedrückt werden. Ein Triptychon ist eine künstlerische und auch kunsttherapeutische Methode[27]. Drei Bilder, die jeweils für sich stehen, werden in der Triptychon-Form aneinandergereiht und erhalten so aufeinander bezogen einen gemeinsamen Ausdruck. Das Wort Triptychon stammt aus dem Altgriechischen von tri = drei und tychon = Form.

Pol A	Dazwischen/ Übergang	Pol B
1	3	2

S. weiß nicht, ob er mit zum Klassenausflug will. Er malt und schreibt in das linke Feld des Triptychons, was dafür spricht, in das rechte, was dagegen spricht. Er begnügt sich nicht mit Argumenten, sondern bringt auch Gefühle mit ein. Für die Beteiligung an der Klassenfahrt spricht, dass er Lust hat, mal woanders hinzufahren, dass er sich freut auf Abenteuer und gemeinsame Aktionen mit anderen Kindern. Dagegen spricht seine Angst, dass er es nicht schafft, dass die anderen ihn auslachen, dass er Verweise bekommt oder gar zurückgeschickt wird. Im Gespräch über diese beiden Felder klärt sich schon vieles. S. spürt seine große Sehnsucht, sodass die Lehrerin, die mit S. dieses Triptychon erstellt, diese Sehnsucht

27 Baer, U. (2014): Gefühlssterne, Angstfresser, Wandlungsbilder – Kunst- und gestaltungstherapeutische Methoden und Modelle. Berlin

und Vorfreude unterstützen kann. Sie geht dabei auch auf seine Ängste ein, und gemeinsam suchen sie danach, was helfen kann, damit die Ängste und Befürchtungen sich nicht bewahrheiten. Ihnen fällt ein, dass sie vor der Fahrt über die Befürchtungen mit den Begleitern/innen der Klassenfahrt reden und auch mit den anderen Kindern Vereinbarungen treffen können. Diese Überlegungen/ Lösungen kommen in das mittlere Feld.

Auf viele solcher Probleme, Konflikte, Widersprüchlichkeiten können Sie über die Triptychon-Form eingehen. Ein weiteres Beispiel:

Z. liebt seinen Vater und fürchtet sich vor ihm. Der Vater möchte immer wieder, dass er zu Besuch kommt. Doch er weiß, dass ihm das nicht guttut, und gleichzeitig liebt er seinen Vater. Die Sozialpädagogin schlägt ihm vor, in einem Triptychon in das linke Feld hineinzuschreiben, was er an seinem Vater mag und liebt, und in das rechte, wovor er sich fürchtet, was er nicht mag. Sie kommen darüber in ein intensives Gespräch über die unterschiedlichen Erfahrungen, die Z. mit seinem Vater gemacht hat, überwiegend Gewalterfahrungen und Erniedrigungen. Doch er erwähnt auch sehr seltene Momente, in denen er »einfach so« neben seinem Vater sitzen konnte oder sich für wenige Minuten mit ihm unterhalten durfte. In diesem Gespräch wird Z. klar, dass er zunächst einmal seinem Vater einen Brief schreiben möchte. Ihn beginnt er in dem mittleren Feld.

Solchen Widersprüchlichkeiten gerade im Hinblick auf den Kontakt mit Eltern oder einzelnen Familienangehörigen werden Sie oft begegnen, vor allem, wenn Sie in der Jugendhilfe tätig sind. Sie wollen und sollen »zum Wohl des Kindes« handeln. Dabei ist es notwendig, und das betone und wiederhole ich immer wieder, das innere Erleben der Kinder zu würdigen, und das ist widersprüchlich. Mit dem Triptychon können Sie versuchen, diesen Widersprüchlichkeiten auf die Spur zu kommen und sie respektierende Wege des Umgangs mit ihnen zu suchen.

8 Der achte Weg: Worte und mehr für Gefühle und Beziehungen

8.1 »Brutal«, »krass« und andere Nicht-Worte

Das Lieblingswort von D. lautet: »brutal«. Wenn er hungrig ist, sagt er: »Das ist brutal!« Wenn es Streit mit einem anderen Jungen gibt, findet er den Konflikt »brutal«. Brutal ist das einzige Wort, mit dem er Beziehungen zu anderen Menschen bezeichnet, und gleichzeitig ist es das Wort für große Aufregung und vor allem für negative Gefühle. Für eher positive Gefühle verwendet er den Begriff »krass«. Wenn er ein Geschenk bekommt, ist das krass. Manchmal allerdings auch brutal, so genau ist er in seiner Wortwahl nicht.

Mir geht es hier nicht darum, Begriffe der Jugendsprache abzuwerten. Etwas anderes ist auffällig: So wie D. verfügen die meisten der Kinder und Jugendlichen, um die es hier geht, kaum über Worte für Gefühle und ebenfalls kaum über Worte für Beziehungen und Beziehungsqualitäten. Sie verwenden allgemeine Schlagworte wie cool, krass, geil oder brutal, können aber nicht differenzieren. Das ist nicht verwunderlich, und zwar aus mehreren Gründen:

- Erstens kennen diese Kinder kaum Vorbilder, die mit ihnen Beziehungen lebten und ihre Gefühle ausdrücken konnten. Oft sind Elternteile »verschwunden«, oder die Kinder und Jugendlichen mussten die vier Monster der Entwürdigung erfahren. Wer entwürdigend behandelt wird, kann sein Gefühlsleben und seine Beziehungen nicht würdigen – zumindest nicht würdigend benennen.
- Zweitens ist auffällig, dass bei diesen Kindern der differenzierte Ausdruck und die differenzierte Benennung von Gefühlen ersetzt wird durch hohe und niedrige Erregungen. Erregungsniveaus wie hohe

Erregung oder eher gedämpfte und niedrige können alle Gefühle betreffen. Eine Angst kann eher gedämpft und unterdrückt sein oder sehr hoch auflodern; genauso die Neugier, die Sehnsucht, der Ärger und andere Gefühle mehr. Bei diesen Kindern und Jugendlichen ist häufig zu beobachten, dass es fast nur noch um Hocherregung oder niedrige Erregung geht. Dafür gibt es dann die genannten und andere Wörter, wobei cool zum Beispiel eher für niedrige Erregungsniveaus steht und krass für erhöhte. Manche Kinder und Jugendliche verwenden dies allerdings genau andersherum.

- Ähnliches gilt für die Benennung von Kontakt, Begegnung und Beziehungen. Wer in Begegnungen und Beziehungen zu anderen Menschen überwiegend Gewalt und Erniedrigung und Beschämung erfahren musste oder immer wieder ins Leere ging mit seinen Angeboten und Beziehungsbemühungen – wie soll er Worte für ein differenziertes Beziehungsverhalten verwenden können? Benennungen von Gefühlen und von Beziehungen zwischen Menschen hängen sehr eng zusammen. Denn Gefühle bestimmen unser menschliches Verhalten gegenüber anderen Menschen. Wenn ich mich interessiere, wende ich mich jemandem zu. Wenn ich liebe, erst recht. Wenn ich mich ärgere, möchte ich das Verhalten, meines oder des anderen, verändern oder »umtauschen«. Wenn ich Angst habe, weiche ich zurück usw. Gefühle wirken als spontane leibliche Impulse, mit denen sich das Verhalten gegenüber anderen Menschen reguliert. Doch wenn die Begegnungserfahrungen von Kindern und Erwachsenen so aussehen, dass es nur entweder Hocherregung oder Leere gab, wenn sie allein waren oder Erniedrigung und Gewalt drohten, dann fehlen nicht nur differenzierte emotionale Beziehungserfahrungen, sondern auch die Worte dafür.

Ein Weg, hochbelasteten Kindern und Jugendlichen zu helfen, besteht deshalb auch darin, ihnen Worte für Gefühle und Beziehungen anzubieten und zu vermitteln.

Wir Menschen, die diese Kinder und Jugendlichen begleiten, sollten Vorbild sein. Wir sollten lernen und üben, unsere eigenen Gefühle differenziert auszudrücken und sie zu benennen. Selbstverständlich können wir sagen: »Ich bin sauer!« Doch wir sollten uns auch bemühen, dies vielleicht etwas differenzierter zu benennen, zum Beispiel: »Ich bin ärgerlich, enttäuscht, zornig, wütend …« Auch Äußerungen wie zum Beispiel: »Mir geht es gut!« können differenzierter benannt werden: »Ich bin zufrieden.« »Ich bin glücklich.« »Ich bin heute ganz gelassen.«

Oft brauchen die Kinder und Jugendlichen einen Spiegel für ihre Gefühlswelten: Diese emotionalen Spiegelungen sollten nicht als Deutungen, sondern als Vermutungen daherkommen: »Ich vermute, dass du dich ärgerst.« »Ich tippe, dass du in dieser Situation enttäuscht warst, als dein Freund einfach weggegangen ist und dich allein gelassen hat …« »Wenn ich du wäre, würde ich mich ärgern … Ist das so?« Solche Vermutungen dürfen nicht besserwisserisch geäußert werden, sondern eher als Angebot, ein Gefühl wahrzunehmen und zu benennen.

Hilfreich und notwendig ist es auch, immer wieder nach Gefühlen zu fragen. »Bist du jetzt wütend?« »Kann es sein, dass du dich hilflos fühlst?« »Interessierst du dich dafür?«

Ebenso wichtig wie die Benennung von Gefühlen ist das Bemühen, Worte für die jeweils konkrete Begegnung und Beziehung zu dem Kind oder Jugendlichen zu finden. Wer keine Beziehungserfahrungen hat, lernt auch keine Worte dafür kennen. Wer nun mit Ihnen neue Beziehungsqualitäten erfährt und übt, Kontakt, Begegnung, Beziehung zu leben und zu entwickeln, wird hilflos und holprig im Gebrauch der Worte dafür sein. Deswegen sollten wir, sollten Sie, immer wieder entsprechende Beziehungsaspekte formulieren. Dabei sind mehrere Themenbereiche besonders wichtig:

- Das Themenfeld »Ich vertraue – ich bin misstrauisch« bestimmt das Beziehungsverhalten vieler dieser Kinder und Jugendlichen. Sie haben keine Geborgenheit erfahren. Sie sind oft verraten und missbraucht worden insbesondere von Menschen, denen sie eigentlich hätten vertrauen können und sollen. Deswegen sind gerade diese Kinder und Jugendlichen, die traumatische Erfahrungen machen mussten, in ihren Beziehungserwartungen und in ihrem Beziehungsverhalten von Misstrauen geprägt. Dieses Misstrauen werden sie auch Ihnen gegenüber leben. Also benennen Sie es und reden Sie über Vertrauen und Misstrauen, sobald sich eine Gelegenheit darüber ergibt. Das Ziel ist dabei nicht, dass die Kinder und Jugendlichen Ihnen oder sogar allen anderen Menschen vertrauen. Wir sollten ihr Misstrauen durchaus akzeptieren und sie ermutigen, es wahrzunehmen und immer wieder zu überprüfen, inwiefern sie misstrauisch sein müssen und ob sie Menschen vertrauen können. Begleiten Sie die Kinder und Jugendlichen darin, diese Unterscheidung treffen zu können und der Frage nachzugehen: »Woran merke ich, dass ich einem Menschen vertrauen kann?«

- Das zweite Themenfeld betrifft das Wünschen und Sehnen. Viele hochbelastete Kinder und Jugendliche haben aufgrund der Erfahrungen mit den Monstern der Entwürdigung resigniert. Ihre Sehnsüchte und Wünsche wurden ihnen ausgetrieben. Manchmal so sehr, dass sie sie selbst kaum noch wahrnehmen können. Wenn diese Kinder und Jugendlichen mit Ihnen neue Erfahrungen machen, wird das Wünschen und Sehnen zumeist wieder lebendig. Doch es findet keine Worte. Also schenken Sie sie ihnen.
- Enttäuschungen und Trauer betreffen das dritte wesentliche Themenfeld. Die Kinder und Jugendlichen wurden oft getäuscht und enttäuscht, ja sogar verraten. Verrat und Enttäuschung machen oft stumm oder verursachen hilflosen Zorn, was in aggressiven Handlungen münden kann. Wenn Menschen etwas verlieren, und sei es das Vertrauen, die Hoffnung, die Geborgenheit, dann steht eigentlich Trauer an. Traurig zu sein ist das Gefühl des Loslassens. Und diese Kinder und Jugendlichen mussten in ihrem Leben viel zu viel loslassen. Doch die Trauer ist nur selten in ihnen lebendig. Sie ist oft erstorben. Sie ist ausgeprügelt worden. Die Kinder sind ungetröstet und haben keine Worte für ihren Schmerz, für ihre Traurigkeit und

für die Impulse, ihre Trauer auszudrücken und zu teilen. Wer nur mit sich allein traurig sein kann, braucht keine Worte, um die Trauer jemandem mitzuteilen. Die Worte verkümmern.

- Das vierte Themenfeld betrifft den Bereich der Nähe und Distanz. Wenn sich die Erfahrungen von Nähe und Distanz nur um Verletzungen, Kränkungen und Gewalt drehten, gibt es keine oder kaum differenzierte Bezeichnungen für Nähe und Distanz im Miteinander und Nebeneinander. Umso wichtiger ist es, dass Sie und wir dafür Worte finden. Zum Beispiel: »Ich mag dich.« »Ich möchte gerne etwas mit dir machen. Was hältst du davon, dass wir …?« »Heute kann ich nicht mit dir spielen, aber gerne ein anderes Mal …«

Bei all diesen Hinweisen, um Worte für Gefühle und Begegnungen zu ringen, geht es nicht um Linguistik oder um gute oder schlechte Sprache. Worte ermöglichen den hochbelasteten Kindern und Jugendlichen oft erst, Gefühle auszudrücken. Nur wenn sie Gefühle ausdrücken können, können sie sie auch teilen und müssen sie nicht mit sich allein ausmachen und herunterschlucken. Nur wer Worte für Begegnungen hat, kann auch lernen und üben, Begegnungen zu leben. Worte vorzuschlagen ist kein einmaliger Akt. Die Erfahrungen, die die Kinder und Jugendlichen in das Verstummen und die Wortlosigkeit gebracht haben, waren prägend, nachhaltig und dauerten oft Jahre. Neue Worte zu finden und sie mit Leben zu füllen, mit neuen Erfahrungen, braucht Zeit, braucht Wiederholung, braucht Geduld.

8.2 Gefühlssterne

Mit hochbelasteten Kindern und Jugendlichen habe ich gerne einen Gefühlsstern[28] gestaltet. Die Methode ist relativ einfach:

- Sie nehmen ein großes Blatt, möglichst DIN A1 oder A2, und bitten das Kind, einen großen Kreis oder einen Stern zu malen, der in verschiedene Tortenstücke oder Zacken unterteilt wird.
- Dann fragen Sie das Kind, welches Gefühl ihm gerade wichtig ist oder ihm gerade einfällt. Wenn das schwierig oder unmöglich ist, suchen Sie gemeinsam mit dem Kind nach einem Wort für das, was es gerade fühlt.
- Wenn das Kind ein Gefühl benannt hat, zum Beispiel Wut, dann bitten Sie es, dies an den Rand eines Segments in den Gefühlsstern oder -kreis zu schreiben, oder schreiben Sie es für das Kind dorthin.
- Im nächsten Schritt wählt das Kind für das Gefühl dieses Segments eine Farbe aus. Dabei darf es durchaus Klischees geben: dass die Trauer schwarz ist und die Liebe rot. Aber ermutigen Sie das Kind, dass es seine eigene Farbe auswählt, sie vielleicht sogar aus verschiedenen Farben mischt oder schraffiert. Es ist auch möglich, dass das Kind oder der/die Jugendliche Symbole in das Feld malt. Ziel ist, dass das Kind ein Wort für das Gefühl findet und eine Empfindung, einen farblichen Ausdruck.
- Dann schauen Sie mit dem Kind gemeinsam auf das gegenüberliegende Feld und fragen Sie es: »Was ist denn *dein* Gegenteil dieses Gefühls, zum Beispiel von Wut?« Vielleicht wird das Kind wie in der Grafik »Scham« antworten, vielleicht aber auch Trauer oder Angst oder Freude oder ein anderes Gefühl benennen. Auch hier geht es darum, dass es das Gegenteils-Gefühl des Kindes ist und kein vor-

28 Baer, U. (2014): Gefühlssterne, Angstfresser, Wandlungsbilder – Kunst- und gestaltungstherapeutische Methoden und Modelle. Berlin

gegebenes oder für üblich gehaltenes. Viele Kinder brauchen Unterstützung bei der Suche nach diesen Gefühlen.

- Dann geht es weiter zum nächsten Segment. Bitten Sie das Kind auch hier, das neue Feld mit einer Farbe oder Farbkombination für ein Gefühl, das ihm gerade einfällt, zu bemalen.
- Und dann geht es um ein weiteres Feld, wo auch wieder ein Gefühl und wieder ein Gegenteil eingetragen werden. Usw.

In wie viele Felder der Gefühlsstern unterteilt ist, liegt im Belieben des Kindes oder von Ihnen. Die Erfahrung zeigt, dass die Kinder und Jugendlichen zunächst dazu neigen, den Kuchen oder Stern nur in höchstens sechs oder acht Felder zu unterteilen, weil sie sich nicht vorstellen können, wie reich ihre Gefühlswelt ist[29]. Beim weiteren Malen entdecken sie immer mehr ihre Gefühle. Deswegen schlage ich oft vor: »Teile das Feld in zehn oder zwölf Felder ein. Wenn du keine Gefühle für jedes Feld hast, können wir sie freilassen.«

Mit älteren Kindern oder Jugendlichen kann selbstverständlich auch und produktiv an einem Gefühlsstern gearbeitet werden. Lassen Sie sich nicht davon beirren, dass manche der Jugendlichen Ihren Vorschlag für »kindisch« halten. Ersetzen Sie »kindisch« durch »künstlerisch«, oder machen Sie aus Ihrem Vorschlag die Vorlage für ein Filmplakat oder das Intro eines Youtube-Films über das Gefühlsleben des oder der Jugendlichen.

Bei kleineren Kindern empfiehlt es sich, mit einem kleineren Gefühlsstern zu beginnen, etwa mit einem Kreis, der in vier Felder unterteilt ist.

Hier können sie mit einem Gefühl anfangen, das Sie vorgeben, viel-

---

29 Anregungen für den Reichtum der Gefühlswelten von Kindern und Jugendlichen erhalten Sie in
Baer, U.; Frick-Baer, G. (2018): Das ABC der Gefühle. Band 1 »Bibliothek der Gefühle«. Weinheim
Baer, U.; Frick-Baer, G. (2018): Wie Kinder fühlen. Band 2 »Bibliothek der Gefühle«. Weinheim

leicht einem Gefühl, das Ihnen bei dem Kind aufgefallen ist. Auch hier als Beispiel die Wut: Bitten Sie das Kind, seine Wut in eines dieser Felder zu malen. Dann empfiehlt es sich nicht, mit den Gegenteilen zu arbeiten, weil das die Kinder überfordert, sondern einfach ein weiteres Gefühl daneben zu gestalten und ein Feld nach dem anderen zu erobern.

Diese Arbeit dient dazu, dass die Kinder und Jugendlichen sich ihrer Gefühle mehr bewusst werden und dass sie Worte dafür finden. Die meisten Kinder und Jugendlichen sind stolz auf ihren Gefühlsstern und zeigen ihn gerne anderen und wollen ihn ausstellen.

8.3 Musik

Viele ältere hochbelastete Kinder und Jugendliche lieben Musik. Nicht alle. Manche sind auch in ihren emotionalen Regungen so betäubt und abgestumpft, dass Musik für sie zu aufregend ist und abgelehnt wird. Doch für diejenigen, die sich an Musik erfreuen, kann Musizieren und Musikhören ein wichtiger Zugang zu ihrem Gefühls- und Beziehungsleben sein.

Eine erste Möglichkeit, die hochbelasteten Kinder und Jugendlichen darin zu unterstützen, ihren Gefühlsreichtum zu entdecken und auszudrücken, besteht einfach darin, dass Sie gemeinsam Musik machen. Sie können Instrumente nutzen, die vielleicht im Musikraum einer Schule stehen, die Sie in einem Jugendzentrum auffinden oder sich ausleihen. Sie können auch Alltagsgegenstände nehmen, vom Kochtopf bis zum Glas, und damit Musik entstehen lassen. Entscheidend ist, dass etwas klingt und gemeinsam ertönen kann.

Und dann bitten Sie die Kinder und Jugendlichen, gemeinsam zu musizieren. Am Anfang klingt dies oft sehr chaotisch. Doch nach einer Weile werden sich die Kinder und Jugendlichen aufeinander einstimmen. Zur Not, wenn dies nicht gelingt, können Sie selbst, wenn Sie mitmachen, den Prozess ein wenig lenken. Oder Sie können ein Kind damit beauftragen, das Musizieren zu dirigieren mit einem Schlagstock oder mit Bewegungen mit den Händen, höher, tiefer, leiser, lauter usw.

Musik drückt Gefühle aus, unabhängig davon, ob sie diese im Nachklang benennen (lassen) oder das Wort »Gefühl« gar nicht in den Mund nehmen. In jedem Fall stärkt ein gemeinsames Musizieren die Beziehung der Kinder und Jugendlichen untereinander und ihren emotionalen Ausdruck.

Als Variante können Sie versuchen, mit emotionalen Worten das Thema des Musizierens zu beeinflussen. Gerne mit kleinen Verfremdungen:

»Jetzt lasst uns mal wie ein wütender Löwe spielen«

oder »wie ein verliebter Elefant«

oder »wie eine neugierige Maus«.

Usw.

Eine andere Variante ist das Musikhören. Viele Jugendliche hören gerne Musik und haben unterschiedliche Musikstücke auf ihren MP3-Playern oder ihrem Handy.

Ein Beispiel:

> Ich begleite einen 15-jährigen Jungen, der viel Musik hört. Oft hat er Kopfhörer auf, schließt sich von der Welt aus und taucht in die Welt seiner Musik ein. Viele forderten ihn auf, die Musik doch auch mal auszumachen und lieber mit anderen etwas zu unternehmen. Doch anscheinend ist diese Musik für ihn wichtig.

Manche Kinder und Jugendliche schaffen sich musikalisch ihre eigene Welt oder tauchen in die Welt bestimmter Songs ein, weil die äußere Welt für sie unerträglich ist.

> Dieser Junge hatte keine Worte für Gefühle oder Beziehungen. Doch als ich ihm einmal sagte, dass ich gerne noch einmal seine Musik hören würde und neugierig darauf sei, was er hörte, sagte er zunächst:

»Das kennst du ja doch nicht.« Doch dann, als ich darauf beharrte, spielte er die Musik über Lautsprecher, und ich konnte daran teilhaben. Er hatte recht, ich kannte die Musik nicht, und es war auch nicht meine Musik. Doch ich war neugierig auf die Musik, weil ich auf den Jungen neugierig war. Das war das Entscheidende. Ich fragte ihn, was er an den Stücken mag, was sein Lieblingsstück sei und ob er die Texte kenne. »Ja. Ich habe im Internet geguckt, dass es da Übersetzungen gibt, und ein paar Texte kenne ich. Ich versuche, das weiter herauszubekommen«, antwortete er. Und als ich ihn bat, mir einige Songs zu übersetzen, war ich sehr erstaunt. Jeder Text handelte von Gefühlen, von Sehnsucht, von Liebe, von Zorn, von Ohnmacht, von Eifersucht. Und in allen Songs ging es um Beziehungen zu anderen Menschen. Das, was ihm im realen Leben mit anderen Menschen kaum möglich war, lebte und erlebte er in seiner Musik. Meine Neugier und mein Nachfragen war eine Brücke zwischen dem Musikerleben und, wie sich später zeigte, seinem Gefühls- und Beziehungserleben zu anderen Kindern und Erwachsenen.

Wenn Kinder und Jugendliche für ihr Erleben keine Worte haben, dann hören und finden sie diese Worte oft in ihrer Lieblingsmusik. Wenn wir Erwachsene uns dafür interessieren, zeigen wir den Kindern, dass sie uns wichtig sind, und finden Zugang zu dem, was sie uns im Alltag in Worten nicht mitteilen können.

Teil B

Zur diagnostischen Vertiefung: das Trauma-Differenzierungsmodell und mehr

1 Belastung und Hochbelastung

Ich habe am Anfang darauf hingewiesen, dass viele Kinder zahlreichen Belastungen ausgesetzt sind. Damit Kinder und Jugendliche als Hochbelastete bezeichnet werden können, müssen drei Kriterien zutreffen: Zum Ersten muss die Belastung schwerwiegend sein. Dazu zählen die Folgen der Monster der Entwürdigung und andere Faktoren, die in Kapitel A 1 beschrieben wurden. Zweitens gehören zur Tatsache einer Hochbelastung entweder eine besonders schwerwiegende Belastung oder aber, und dies ist meist der Fall, die Anhäufung mehrerer aufeinanderfolgender Belastungsfaktoren. Der dritte Aspekt beinhaltet, dass diese hohen Belastungen über einen längeren Zeitraum erfolgt sind.

Die Differenzierung zwischen Belastungen und Hochbelastungen sind folglich fließend und müssen für jedes einzelne Kind individuell getroffen werden. Die Definition ist ein wichtiger Anhaltspunkt für die Einschätzung des Kindes, kann aber nicht den konkreten Eindruck von einem Kind oder Jugendlichen ersetzen.

Name: Belastungen: bekannte: vermutete:	Alter: Dauer/Häufigkeit:

2 Hochbelastung und Trauma

Als eine schwerwiegende Belastung für Kinder und Jugendliche wurden immer wieder traumatische Erfahrungen erwähnt. Deshalb werde ich hier die bedeutsamsten Aspekte meines bzw. unseres Traumaverständnisses darlegen.

Das Wort Trauma stammt aus dem Altgriechischen und bedeutet »Wunde«. Die Bezeichnung »Trauma« wird in der Medizin für bestimmte körperliche Wunden benutzt, in Psychologie, Psychotherapie und Sozialpädagogik für bestimmte seelische Verletzungen. Wenn ein Kind (sexuelle) Gewalt erleiden musste, erfährt es ein Trauma, das tief greifende und langwierige Folgen haben kann. »In einer ersten Arbeitsdefinition können wir psychisches Trauma als seelische Verletzung verstehen (von dem griechischen Wort Trauma = Verletzung). Wie die verschiedenen somatischen Systeme des Menschen in ihrer Widerstandskraft überfordert werden können, so kann auch das seelische System durch punktuelle oder dauerhafte Belastungen in seinen Bewältigungsmöglichkeiten überfordert und schließlich traumatisiert/verletzt werden.«[30]

Die Definition eines Traumas muss berücksichtigen, dass erstens jede traumatische Erfahrung individuell unterschiedlich erlebt wird und zweitens zur Definition eine bestimmte Art überfordernder und oft schockartiger Reaktion auf das Ereignis gehört. Die Forscher des Freiburger Instituts für Psychotraumatologie definieren ein psychisches Trauma als ein »vitales Diskrepanzerlebnis zwischen bedrohlichen Situationsfaktoren und den individuellen Bewältigungsmöglichkeiten, das mit Gefühlen von Hilflosigkeit und schutzloser Preisgabe einhergeht und so eine dauerhafte Erschütterung von Selbst- und Weltverständnis bewirkt«.[31]

---

30 Fischer, G.; Riedesser, P. (2003): Lehrbuch der Psychotraumatologie. München, S. 19

31 a. a. O., S. 79

Mir und meinen Kolleg/innen geht es nicht nur um die psychischen Aspekte, sondern um die leiblichen, um das Trauma-Erleben, das neben den seelischen auch körperliche, geistige und soziale Aspekte einschließt.

Ein traumatisches Erleben mit nachhaltigen Folgen kann auch stattfinden, wenn Menschen nicht selbst Opfer einer Gewalttat oder eines Unglücks sind, sondern diese als Zeugen erleben. Dies ist besonders für Kinder und Jugendliche bedeutsam. Wenn ein Kind Zeuge wird, dass der Vater die Mutter schlägt, identifiziert es sich mit der Mutter und erleidet vielleicht Todesangst.

Begrifflich hat es sich für uns als sinnvoll herausgestellt, verschiedene Aspekte zu unterscheiden, die in der Sammelbezeichnung »Trauma« enthalten sein können:

- das Traumaereignis oder die Traumaereignisse, also in diesem Kontext z. B. die Akte sexueller oder anderer Gewalt,
- das Traumaerleben, also die Art und Weise, wie ein Kind sich und seine Welt vor, während und unmittelbar nach dem Traumaereignis erlebt,
- die Traumabewältigung, also die Art und Weise, wie mit dem Kind nach dem Traumaereignis umgegangen wird und wie es sein Traumaerleben bewältigt,
- die Traumafolgen, also die nachhaltigen Folgen des Traumaerlebens und der Traumabewältigung.

Diese Differenzierung ist u. E. nicht nur sinnvoll, um sich zu verständigen, worüber gerade gesprochen wird, sondern auch, weil wir oft beobachtet haben, dass die Art der Traumabewältigung manchmal gravierendere und nachhaltigere Folgen nach sich ziehen kann als das Traumaereignis selbst. Die »Zeit danach« ist – wie schon betont – entscheidend dafür, ob die Wunde heilen kann. Das differenzierte und erweiterte Traumaverständnis hat Gabriele Frick-Baer prägnant zusammengefasst:

»Im Traumaerleben ist die Erfahrung der traumatisierenden Tat vom Erleben der Zeit danach kaum zu trennen. In jedem Fall ist das Erleben der Zeit danach wesentlich für die Nachhaltigkeit der traumatischen Erfahrungen, für die Schwere der Wunden.«[32]

Diese Erweiterung des Traumaverständnisses ist gleichzeitig eine Verschiebung des Blicks und eine Erweiterung der Haltung gegenüber den traumatisierten Kindern und Jugendlichen: Diagnostisch dürfen nicht nur das unmittelbare Ereignis, die Tat und die Täter in den Blick genommen werden, sondern auch die Zeit danach. Mit diesem Wissen sollten wir Begleiter/innen traumatisierter Kinder und Jugendlicher die Haltung einnehmen, dass die Opfer sexueller und anderer Gewalt nicht nur des Schutzes und der parteilichen Unterstützung gegenüber den Täter/innen sowie aktiven und ignorierenden Mittäter/innen bedürfen, sie brauchen auch unsere Hilfe gegen Alleingelassen-Werden in der Zeit danach.

Im Erlebensprozess ist zwischen dem Erleben des traumatischen Ereignisses und dem der Zeit danach kaum zu unterscheiden. Die häufigsten Erlebensveränderungen im Zuge der Erfahrung sexueller Gewalt, wie sie z. B. Judith Herman als Schock, Starre, Dissoziation, Scham[33] beschreibt, können sich in der Phase der Zeit danach verfestigen oder aufweichen. Die Zeit danach ist nicht mit den unmittelbaren Reaktionen und Interaktionen in der traumatischen Situation beendet, sondern wirkt nach. Manchmal lebenslänglich, manchmal zumindest bis in Zeiten therapeutischer Bearbeitung bzw. neuer Beziehungserfahrungen, die traumatisierte Kinder und Jugendliche mit Ihnen machen dürfen.

Es gibt fast immer eine Zeit vor der traumatischen Situation. Wie sich das Selbstbewusstsein der späteren Opfer in dieser Zeit entwickeln konnte und welche Beachtung sie in der Zeit davor erfahren haben, be-

32 Frick-Baer, G. (2013): Trauma – »Am schlimmsten ist das Alleinsein danach«

33 Herman, J. (1997/2003): Die Narben der Gewalt. Traumatische Erfahrungen verstehen und überwinden. Paderborn

einflusst die Erfahrungen und das Erleben in der Zeit bzw. Lebenszeit danach. Wer vorher übersehen wurde, wurde auch in der Zeit nach dem traumatischen Ereignis übersehen, und diese Erfahrung prägt die Möglichkeiten der Bewältigung. Die Zeit davor muss in das Traumaverständnis mit einbezogen werden, aber nicht unter dem Gesichtspunkt individueller Eigenschaften der Betroffenen, sondern unter dem Blickwinkel nachwirkender zwischenleiblicher Erfahrungen.

Dieses prozesshafte Traumaverständnis knüpft an die Beiträge der Traumaforscher Hans Keilson (1979) und David Becker (2006)[34] an. Keilson hat bei der Untersuchung des Schicksals jüdischer Kriegswaisen in den Niederlanden den Begriff der »sequentiellen Traumatisierung« geprägt. Diese bezeichnet die Aufeinanderfolge mehrerer traumatischer Erfahrungen. Damit sind nicht nur aufeinanderfolgende Erfahrungen der Gewalt bzw. sexueller Gewalt gemeint, sondern z. B. bei den jüdischen Kriegswaisen auch Erfahrungen der Flucht, des Versteckens, der Isolation usw. David Becker, der Traumatisierungen v. a. in Ländern der Dritten Welt untersuchte und lange Folteropfer in Chile behandelte, greift dieses Modell auf und sagt: »Es geht nie nur darum, was jemand Schreckliches erlebt hat, sondern auch darum, was in der Folgezeit passiert.«[35] Er arbeitet besonders an den Erfahrungen traumatisierter Flüchtlinge z. B. aus Bosnien heraus, dass das Erleben im Exil mit Arbeitsverbot, Fremdenfeindlichkeit usw. »als Teil einer sequentiellen Traumatisierung verstanden werden müssen, die nachträglich auch die Ursprungstraumatisierungen deutlich verschlimmerten«.[36]

Die meisten der hochbelasteten traumatisierten Kinder und Jugendlichen haben keine einmalige Erfahrung sexueller Gewalt erlebt, sondern mussten wiederholte Erfahrungen erleiden. Für sie ist die Zeit danach immer auch gleichzeitig eine Zeit davor.

Über einen langen Zeitraum sequentiellen Traumaerlebens können

34 Becker, D. (2006): Die Erfindung des Traumas – verflochtene Geschichten. Freiburg

35 Keilson, H. (1979): Sequentielle Traumatisierung bei Kindern. Stuttgart. S. 20

36 a. a. O., S. 172

die Betroffenen dem Traumaerleben nicht entfliehen. Die Erfahrung des Alleinseins ist nicht nur eine Erfahrung des Alleinseins-Dabei und des Alleinseins-Danach, sondern wird zu einer Grunderfahrung des Lebens. Dies gilt für traumatisierte hochbelastete Kinder und Jugendliche, die sequentielle Traumata erleben mussten. Das Traumaerleben verbindet sich zu einem nahezu alltäglichen Prozess. Die Erwartung neuer traumatischer Erfahrungen begleitet sie. Sie kennen die Zeit danach nur als Zeit davor. Ein Leben in Hochspannung, Hocherregung, ständiger Erwartung schlimmer Erfahrungen.

3 Hochbelastung, Trauma und Komplextraumata

Als Komplextrauma oder komplexe posttraumatische Belastungsstörungen werden die Folgen schwerer anhaltender und wiederholter Traumatisierungen bezeichnet. Wird zum Beispiel eine Verletzung oder Belastung als Wunde erlebt, die heilen kann, beinhaltet eine traumatische Erfahrung eine existenzielle Verletzung, eine existenziell gefährdende Wunde. Bei einem Komplextrauma wird diese Erfahrung zu einer Dauerwunde, zu einer dauerhaften existenziellen Gefährdung.

Die Steigerungen von Verletzungen zu Trauma und Komplextrauma beobachten wir im Erleben der Kinder: Nach einer Wunde zeigt sich ein Schmerz, der oft auch Verunsicherungen hervorruft. Die Folge der traumatischen Erfahrung dagegen wird intensiver erlebt, oft als Abgrund. Wiederholt sich dies und wird zu einer Erfahrung von Komplextrauma, fühlen sich die Kinder und Jugendlichen dauerhaft »aus der Welt gefallen«, diese Erfahrung wird zu einem eingehausten Bedrohungserleben.

In der folgenden Übersicht habe ich in einem Trauma-Differenzierungs-Modell gemeinsam mit Konny Tiffert versucht, zwischen Verletzungen, Trauma und Komplextrauma zu differenzieren und diese Unterscheidungen zu verdeutlichen. Wie immer gilt bei solchen Übersichten, dass sie nicht für jedes Kind zutreffen, Sie aber unterstützen sollen und können, für ein hochbelastetes Kind Einsichten und Verständnis zu gewinnen.

Das Trauma-Differenzierungs-Modell

Verletzung	**Trauma**	**Komplextrauma**
Wunde	existenzielle Wunde	Dauerwunde
Verunsicherung, Schmerz	»Abgrund«	eingehauste Bedrohung »aus der Welt gefallen«
danach: Trost oder Selbsthilfe	Alleinsein danach oder Halt	Kultur der Leere existenzielle Verwahrlosung
Krisenverlauf: auf/ab	Krisencoping[37] oder Chronifizierung von Krisenfolgen	Dauerkrise, Krise als Normalität
normale Wahrnehmung ggf. Schockfokus	ggf. Dissoziation[38]	Dauerdissoziation, part. Extremwahrnehmung, v. a. Tunnelblick
Verunsicherung	chronische Selbstverunsicherung	»Ich bin falsch«
emotionale Wechsel Schmerz	existenzielle Emotionen: Angst, Wut, Hilflosigkeit	Täter- oder Opfersein Gefühl der Gefühllosigkeit Flotierende Rohheit
Trauer	Verluste betrauert, unbetrauert	chronische Diskontinuitätserfahrungen, unbetrauert, Verzweiflung statt Trauer
Vorsicht gegenüber Trigger[39], Auslösern	Trigger und Flashbacks	Triggerreaktionen ohne Kontakt als Trigger
Erregungskurve	ggf. dauerhafte Hocherregung oder abrupte Erregungsbrüche	chronifiziertes (inneres) Hocherregungsniveau
Irritation, Ärger ...	Verlust von Geborgenheit	existenzielle Leere ohne Gefühl für ein »davor«

37 Bewältigungsweg aus der Krise

38 Abspaltungen unerträglichen Erlebens

39 Auslöser von Flashbacks, Wiedererleben von Traumata

4 Komplextraumata und Intensivpädagogik

Wenn es um komplex traumatisierte Kinder und Jugendliche geht, werden oft intensivpädagogische Angebote gefordert oder umgesetzt. Was Intensivpädagogik ist, unterliegt keiner allgemein gültigen Definition.

Es gibt unterschiedliche Zugänge zum Verständnis von Intensivpädagogik. Ein rechtlicher bezieht sich auf das Sozialgesetzbuch (SGB) Achtes Buch (VIII) Kinder und Jugendhilfe (4. Abschnitt/1):

»Intensive sozialpädagogische Einzelbetreuung soll Jugendlichen gewährt werden, die einer intensiven Unterstützung zur sozialen Integration und zu einer eigenverantwortlichen Lebensführung bedürfen.«

Hier bleibt offen, um welche der Kinder und Jugendlichen es sich handelt. Die Definition ist tautologisch: Intensive Hilfe soll dem gewährt werden, der intensive Unterstützung benötigt. In der Praxis werden solche intensiven Hilfen den Kindern und vor allem Jugendlichen gewährt, bei denen andere Hilfsmöglichkeiten gescheitert sind.

Manchmal wird für Kinder und Jugendliche, die Zielgruppe der Intensivpädagogik sind, auch der Begriff »Systemsprenger« verwandt. Damit werden die Kinder und Jugendlichen bezeichnet, die die gegebenen Hilfesysteme »sprengen«.

In der Praxis sind schwer traumatisierte Kinder und Jugendliche, vor allem solche mit Komplextraumata, diejenigen, denen intensivpädagogische Unterstützung gewährt wird. Oft werden diese Kinder und Jugendlichen als solche mit »extremen Verhaltensauffälligkeiten«, besonders hoher Aggressivität und Beeinträchtigungen der Entwicklungs-, Lern- und Arbeitsfähigkeit sowie der Interaktionsmöglichkeiten mit der Umwelt beschrieben.

Dass hochbelastete Kinder und Jugendliche, insbesondere solche mit komplex traumatischen Erfahrungen, intensiver pädagogischer und therapeutischer Hilfe bedürfen, ist unabdingbar. Wie diese für die einzelnen Personen gestaltet werden muss, muss von dem Verständnis für die einzelnen Kinder und Jugendlichen abhängen. Die hier gegebenen Hinweise können eine individuelle Einschätzung des Kindes oder Jugendlichen nicht ersetzen, sondern sollen sie unterstützen. Jedes Kind, jede/r Jugendliche ist einzigartig und braucht ein individuelles Konzept der Unterstützung.

Teil C

Selbstfürsorge der Begleiter/innen

1 Resonanz und Zwischenleiblichkeit – würdigen, was ist

Wenn Sie sich auf hochbelastete Kinder und Jugendliche einlassen, egal in welcher Funktion, dann hat dies Konsequenzen für Sie. Diese Kinder werfen Echos, rufen in Ihnen Resonanzen hervor. Der gemeinsame Raum der Zwischenleiblichkeit, der bei den meisten Begegnungen entsteht, ist nicht nur ein Raum der Freude, des Lachens, des Spielens, sondern Sie teilen in diesem Raum auch die Erfahrungen der Kinder und Jugendlichen mit den Monstern der Entwürdigung und deren Folgen. Wenn die Kinder Leere-Erfahrungen haben, wird in Ihnen auch oft ein Gefühl der Leere entstehen. Wenn die Kinder hilflos sind, werden auch Sie sich oft hilflos fühlen. Wenn die Kinder das Gefühl haben zu scheitern, kann sich auch in Ihnen das Gefühl entwickeln zu scheitern. Es ist wichtig, solche Resonanzen zu kennen und zu würdigen. Sie wegradieren zu wollen oder auf irgendeine andere Weise zu ignorieren und zu entfernen, gelingt nicht. Wir erwachsenen Begleiter/innen müssen würdigen, was ist. Dazu gehört die Tatsache, dass solche Resonanzen in uns entstehen. Werden sie tabuisiert oder versteckt, wirken sie umso schlimmer und heftiger.

Solche Resonanzen können positive und negative Wirkungen haben, wie so oft. Die positiven bestehen darin, dass wir darüber die Kinder besser verstehen können. Wir fühlen, was die Kinder fühlen, und das kann einen gemeinsamen Boden schaffen für die weitere Arbeit. Die negativen Folgen können darin liegen, dass sich zum Beispiel Aggressivität zwischen uns und den Kindern hochschaukeln kann, wenn die Kinder aggressiv werden und in uns auch Aggressivität entsteht und wir ihr nur nachgeben. Auch wenn bei beiden Beteiligten Leere oder Hilflosigkeit entsteht, geht es nicht mehr weiter, kann die weitere Arbeit blockiert werden. Resignation und Bitterkeit können die Folge sein.

Es ist deshalb notwendig, dass wir Begleiter/innen einen Schritt beiseitetreten. Erst wenn wir die Resonanzen wahrgenommen und gewürdigt haben, sollten wir innerlich oder auch äußerlich einen Schritt beiseitetreten und betrachten, was gerade zwischen dem Kind und dem Erwachsenen passiert. Dieser Schritt beiseite schärft den Blick und kann zu neuen Erkenntnissen führen, wie die weitere Beziehungsarbeit weitergehen kann.

Ich selbst geriet mit einem hochbelasteten Kind in eine solche Situation. Ich kam mit dem Kind im therapeutischen Prozess nicht mehr weiter. Mir gingen die Ideen aus, ich war blockiert. Ich erzählte in der Supervision von meiner Scham, gegenüber dem Kind versagen zu können. Die Supervisorin fragte: »Könnte Ihre Scham auch eine Resonanz auf die versteckte Scham des Kindes sein?« Ich war mir nicht sicher, dass meine Scham ein Resonanzphänomen war, aber die Vermutung lag nahe. Beim nächsten Treffen mit dem Kind erzählte ich ihm von meinen Schamerfahrungen als Kind. Der Junge tat so, als würde es ihn nicht interessieren, und spielte mit der Gardine vor sich hin. Doch gleichzeitig merkte ich, wie er aufmerksam meinen Worten lauschte. Er erwähnte die Scham nie, und wir sprachen nicht mehr darüber, aber ab diesem Zeitpunkt war die Blockade gelöst. Ich vermutete, dass er sich zutiefst schämte, weil seine Familie auseinandergebrochen und der Vater weggezogen war. Dadurch, dass die Scham über mich den Raum betreten durfte, verlor sie ihre Kraft, und wir konnten weitere Schritte des Ausprobierens und der Veränderung unternehmen.

Dieses Beispiel ist typisch für meine Erfahrungen: Mit den eigenen Resonanzen und den zwischenleiblichen Impulsen umzugehen, bedarf des Austauschs mit anderen. Dafür sind Teambesprechungen notwendig, Supervision und andere Möglichkeiten der Kommunikation. Manchmal gelingt der Schritt, beiseitezutreten, allein, doch meistens braucht es dazu ein unterstützendes Gegenüber.

2 Wer tröstet die Tröstenden?

Nach meinen Beobachtungen neigen viele Menschen, die mit hochbelasteten Kindern und Jugendlichen professionell arbeiten, dazu, alle Probleme allein bewältigen zu müssen. Das ist ein Anspruch, der oft in der eigenen Biografie wurzelt und der gesellschaftlich akzeptiert, ja oft gefordert wird. Hinzu kommt, dass in manchen Bereichen, wie in der Schule, die Lehrer und Lehrerinnen in der Regel allein arbeiten und gehalten sind, alles mit sich selbst auszumachen. Hilfe zu suchen gilt oft als ein Zeichen von Schwäche und Inkompetenz. Beides ist verpönt.

Meine Erfahrung sagt dagegen: Sie können die Begleitung hochbelasteter Kinder und Jugendlicher nicht allein bewältigen. Sie brauchen andere, mit denen Sie sich beraten können, von denen Sie Unterstützung erhalten, an die Sie sich anlehnen können. Dies zu akzeptieren und tatkräftig umzusetzen, ist ein Zeichen von Stärke. Alles allein können zu müssen, ist auch eine Resonanz auf die hochbelasteten Kinder und Jugendlichen. Diese waren allein gelassen worden. Sie mussten sich allein in ihrem Leben durchschlagen, weil niemand da war. Das strahlen diese Kinder auch aus und verstärken die Tendenzen in Ihnen, Schwierigkeiten allein lösen zu müssen. Es ist wichtig, dies zu wissen und entsprechend anders zu handeln.

Sie werden auch die Sehnsucht der Kinder nach Trost spüren, für die sie in der Regel keine Worte haben, die sie aber in ihren Augen oder in ihrem Verhalten ausstrahlen. Vielleicht kennen auch Sie diese Sehnsucht? Sie sind in einem Arbeitsfeld tätig, in dem Sie ungetröstete Kinder und Jugendliche trösten. Die Frage ist: Wer tröstet die Tröstenden? Wer unterstützt die Unterstützer? Wer stärkt die Stärkenden?

Fordern Sie professionelle Unterstützung in Teamsitzungen, Fortbildungen und Ähnlichem in Ihrem Arbeitsfeld ein und suchen Sie sich privat Menschen, an denen Sie sich anlehnen, mit denen Sie sich »ausquatschen« können, wo Sie Erfahrungen loswerden und teilen.

3 Mein sicherer Ort

In Kapitel 2 bin ich auf die Rolle des sicheren Ortes für hochbelastete Kinder und Jugendliche eingegangen. Hier geht es um Sie: Was ist Ihr sicherer Ort? Versuchen Sie einige Fragen zu beantworten:

- An ihrem Arbeitsplatz: Gibt es dort einen Ort, an dem Sie sich sicher fühlen, an dem Sie auch mit Ihren Verunsicherungen Ruhe und Gelassenheit finden können?
- Gibt es in Ihren privaten Räumen einen Ort, der Ihnen Kraft gibt?
- Welche Menschen sind Ihnen sicher? Wer gibt Ihnen Sicherheit? An wen können Sie sich wenden, um sich zu stärken?
- Bei welchen Tätigkeiten können Sie sich Ihrer eigenen Gefühle vergewissern (Sport? Gartenarbeit? Aufräumen? …)?
- Welche Musik kann Ihnen Sicherheit geben?

Beschäftigen Sie sich mit Ihrem sicheren Ort. Malen Sie ein Bild Ihres sicheren Ortes. Dies wird Sie stärken und vielleicht auch Anregungen für die Unterstützung des inneren Ortes der hochbelasteten Kinder und Jugendlichen geben. Nicht nur diese Kinder und Jugendlichen brauchen sichere Orte, auch Sie!

4 Meine Fallen

Wir Menschen, die hochbelastete Kinder begleiten und unterstützen, geraten leicht in für uns typische »Fallen«. Vielleicht ist dies ein bestimmter blinder Fleck, auf dem wir nichts oder kaum etwas wahrnehmen? Vielleicht haben Kinder oder Jugendliche einen bestimmten Weg, Sie »herumzukriegen«? Vielleicht sind Ihnen bestimmte Themen zu nah und Sie weichen aus? Vielleicht haben Sie mit Ihrem eigenen Kind oder einem anderen eine positive Erfahrung gemacht und übertragen diese nun einfach auf andere Kinder?

Fallen können sehr unterschiedlich sein, und es ist sinnvoll und notwendig, sich mit ihnen zu beschäftigen.

Das geht nicht allein. Nehmen Sie mit einer anderen Person drei DIN-A4-Blätter und unterstützen Sie sich gegenseitig, sich mit Ihren Fallen zu beschäftigen.

Auf das erste Blatt schreiben Sie: Was ist meine Falle? Es dürfen auch mehrere sein.

Auf dem zweiten Blatt gehen Sie der Frage nach, welche Vorwarnsignale es geben könnte, dass Sie in eine Falle hineintappen. Vielleicht fallen Ihnen spontan keine ein, aber viele Erfahrungen zeigen, dass in der Beschäftigung damit und insbesondere im Gespräch mit einer vertrauten Person Vorwarnsignale deutlich werden. Wenn Sie keine finden, dann nehmen Sie sich einfach vor, auf solche Vorwarnsignale zu achten. Sie sind wichtig, um sich kennenzulernen und zu verstehen und um den Weg, in die Falle hineinzutappen, abzubremsen und vielleicht sogar zu vermeiden.

Auf dem dritten Blatt sollen Sie Ideen sammeln, wie Sie aus einer Falle wieder herauskommen, bzw. was Sie tun können, um solche Fallen zu vermeiden.

Wenn Sie merken, dass Sie immer wieder in eine bestimmte Falle hineintappen, dann hadern Sie nicht mit sich. Das ist normal für jeden Menschen. Wichtig ist, sich mit diesen Fallen zu beschäftigen und gemeinsam mit anderen zu versuchen, deren Anziehungskraft zu vermindern.

5 Fachkompetenz und Herzkompetenz

Viele Menschen, die mit hochbelasteten Kindern und Jugendlichen arbeiten, wollen dies möglichst professionell tun. Das höre ich oft, und das ist auch gut so, weil sie sich bemühen, ihre Kompetenz zu erweitern, um die Kinder unterstützen zu können. Wenn ich allerdings nachfrage, was sie denn unter »professionell« verstehen, sprechen sie oft von ihrer fachlichen Kompetenz. Es geht um Manuale und Leitlinien, Lehrbücher und Konzepte und pädagogische Richtlinien und vieles andere mehr.

Es ist sinnvoll und notwendig, aber es reicht nicht. Zur Professionalität gehört neben der Fachkompetenz noch eine andere Seite, die wir als Herzkompetenz bezeichnen. Wenn Sie mit hochbelasteten Kindern und Jugendlichen arbeiten, ist Ihr Herz dabei. Sie lassen es nicht zu Hause. Sie lassen sich berühren, Sie fühlen und spüren. Sie nehmen eine bestimmte Atmosphäre wahr und gestalten sie mit. Sie gehen mit Kindern in zwischenmenschliche Beziehungen und begegnen ihnen auch von Herz zu Herz. Und das ist gut so.

»Herzkompetenz heißt, mit Kindern zu lachen und ihren Schmerz zu teilen. Herzkompetenz bedeutet, mit ihnen in Beziehung zu treten und die Beziehungswünsche der eigenen Person und der Kinder ernst zu nehmen. Herzkompetenz bedeutet, auch einmal von Plänen und Richtlinien abzuweichen, wenn das Kind etwas anderes braucht.

Herzbegegnungen sind ein Schatz. Herzbegegnungen mit Kindern sind möglich, weil Sie selbst Kind waren und daraus schätzenswerte Erfahrungen in die Arbeit einbringen können. Was Sie gerne gespielt haben. Worüber Sie gelacht haben. Wie Sie gerne getröstet wurden – all das kann in Ihre Arbeit einfließen und sie befruchten. Es ist sinnvoll und notwendig, auf diesen Schatz zu schauen, um ihn nutzbar zu machen für Ihre Arbeit. Das tut den Kindern gut, aber das tut auch Ihnen gut, weil Sie damit über ein weitaus größeres Repertoire verfügen und weniger streng mit sich selbst sein müssen. Professionalität umfasst beides: Die Fachkompetenz *und* die Herzkompetenz.«[40]

Anders gesagt: Professionalität ist Fach- *und* Herzprofessionalität.

Dem habe ich als Schlussbemerkung zu diesem Buch nichts mehr hinzuzufügen.

---

40 Baer, U. (2016): Selbstfürsorge – Wie Helfende das Helfen gut überleben. Berlin S. 71

Literatur

Baer, U. (2018): Die Weisheit der Kinder. Wie sie fühlen, denken und sich mitteilen. Stuttgart: Klett-Cotta

Baer, U. (2016): Selbstfürsorge – Wie Helfende das Helfen gut überleben. Berlin: Semnos

Baer, U. (2014): Gefühlssterne, Angstfresser, Wandlungsbilder – Kunst- und gestaltungstherapeutische Methoden und Modelle. Berlin: Semnos

Baer, U. (2012): Kreative Leibtherapie – das Lehrbuch. Berlin: Semnos

Baer, U. & Frick-Baer, G. (2018): Deine Würde entscheidet. Finde den inneren Kompass für ein gutes Leben. Weinheim: Beltz

Baer, U. & Frick-Baer, G. (2018): Wie Kinder fühlen. Band 2 Bibliothek der Gefühle. Weinheim: Beltz

Baer, U. & Frick-Baer, G. (2017): Das ABC der Gefühle. Weinheim: Beltz

Bausum, J. & Besser, L.-U. et al. (2013): Traumapädagogik: Grundlagen, Arbeitsfelder und Methoden für die pädagogische Praxis. Weinheim: Beltz

Becker, D. (2006): Die Erfindung des Traumas – verflochtene Geschichten. Gießen: Psychosozial

Bowbly, J.(2014): Bindung als sichere Basis. Grundlagen und Anwendungen der Bindungstheorie. München: Ernst Reinhardt

Brisch, K. H. (2019): Bindungsstörungen. Grundlagen, Diagnostik und Therapie vom Säuglingsalter bis zum alten Menschen. Stuttgart: Klett-Cotta

Cohn, R. (2018): Von der Psychoanalyse zur themenzentrierten Interaktion. Von der Behandlung einzelner zu einer Pädagogik für alle. Stuttgart: Klett-Cotta

Dornes, M. (2000): Die emotionale Welt des Kindes. Frankfurt a. M.: Fischer

Dornes, M. (1997): Die frühe Kindheit. Entwicklungspsychologie der ersten Lebensjahre. Frankfurt a. M.: Fischer

Dornes, M. (1993): Der kompetente Säugling. Die präverbale Entwicklung des Menschen. Frankfurt a. M.: Fischer

Ekstrom, L. H. (1993): A Coherence Theory of Autonomy. In: Philosophy and Phenomenological Research 53

Fischer, G.; Riedesser, P. (2003): Lehrbuch der Psychotraumatologie. München: Ernst Reinhardt / UTB

Frankfurt, H. (1988): The Importance of What We Care About. Cambridge: Cambridge University Press
Frick-Baer, G. (2013): Trauma – Am schlimmsten ist das Alleinsein danach; Sexuelle Gewalt – wie Menschen die Zeit danach erleben wird und was beim Heilen hilft. Berlin: Semnos
Frick-Baer, G. (2009): Kreative Traumatherapie: Aufrichten in Würde; Methoden und Modelle leiborientierter kreativer Traumatherapie. Berlin: Semnos
Frick-Baer, G. (2008): Leibbewegungen, Herzkreise und der Tanz der Würde. Methoden und Modelle der Tanz- und Bewegungstherapie. Berlin: Semnos
Fuchs, T. (2000): Leib – Raum – Person. Entwurf einer Phänomenologischen Anthropologie. Stuttgart: Klett-Cotta
Grossmann, K.; Grossmann, K. E. (2006): Bindungen – das Gefüge psychischer Sicherheit. Stuttgart: Klett-Cotta
Henning, T. (2003): Personale Identität und personale Identitäten – ein Problemfeld der Philosophie. In: Petzold, H. G. (2012): Identität. Ein Kernthema moderner Psychotherapie – Interdisziplinäre Perspektive. Wiesbaden: VS Verlag für Sozialwissenschaften
Herman, J. (1997/2003): Die Narben der Gewalt. Traumatische Erfahrungen verstehen und überwinden. Paderborn: Junfermann
Keilson, H. (1979): Sequentielle Traumatisierung bei Kindern. Gießen: Psychosozial
Holmes, J. (2002): John Bowlby und die Bindungstheorie. München: Ernst Reinhardt
Keupp, H. et al. (2002): Identitätskonstruktionen. Das Patchwork der Identitäten in der Spätmoderne. Reinbek: Rowohlt
Mead G. H. (1934/1977): Geist, Identität und Gesellschaft. Frankfurt a. M.: Suhrkamp
Rogers, C. R. (2003): Der neue Mensch. Stuttgart: Klett-Cotta
Spangenberg, E. (2017): Behutsame Trauma-Integration (TRIMB). Belastende Erfahrungen lösen mit Atmung, Bewegung und Imagination. Stuttgart: Klett-Cotta
Spangler, G.; Zimmermann, P. (1999): Die Bindungstheorie. Stuttgart: Klett-Cotta
Stern, D. (1992): Die Lebenserfahrung des Säuglings. Stuttgart: Klett-Cotta